Mente Magnética

Rogerio Job

Mente Magnética

A Ciência para Atrair Riqueza, Prosperidade e Tudo mais que Você Desejar

ISBN: 978-85-918434-1-1

"Tudo o que a mente humana pode conceber, ela pode conquistar."
Napoleon Hill

CONTEÚDO

Prólogo

Querido(a) amigo(a),

Bem vindo ao livro Mente Magnética.

O livro é fruto de 28 anos de experiência e pesquisa e estou muito feliz em compartilhar tudo isto com você.

Antes eu gostaria de falar sobre o que você pode esperar deste livro.

Primeiro, este livro não foi escrito para especialistas em *Poder da Mente* ou *Lei da Atração*. Se você é um especialista, por favor seja paciente pois neste livro procuro explicar tudo desde o início, para que todo leitor possa se beneficiar. Lembre-se que ninguém nasceu sabendo, incluindo eu e você.

E se você nunca leu um livro sobre o poder da mente, fique tranquilo pois a leitura será de fácil entendimento.

Segundo, é importante colocar em prática o que você irá aprender e por isto não deixe de praticar as ações, incluindo a *Programação Mental Magnética* que incluí como Bônus nesta edição especial do livro - é recomendável ler todo o livro antes de acessar o Bônus e você encontrará mais detalhes sobre ele no interior do livro.

Terceiro, caso tenha comprado o livro na internet, ficarei muito honrado e grato se você deixar uma avaliação positiva na loja em que comprou, após sua leitura. O livro já tem dezenas de avaliações positivas, eu leio todas e sou muito grato por cada uma delas. E também ficarei muito grato com a sua avaliação!

Por outro lado sei que seria muita pretensão agradar 100% das pessoas pois nem mesmo Cristo agradou à todos. Sendo assim, se por alguma razão não gostar do livro, não há motivos para se ressentir e fazer uma crítica negativa na internet. Ao invés disto você pode simplesmente devolver o livro e pedir seu dinheiro de volta na loja onde comprou. E se desejar contacte contato@mentemagnetica.com.br dizendo porque não gostou do livro e se possível irei usar sua crítica para melhorar a próxima edição.

Quarto, definitivamente será um grande prazer manter contato com você em sua rede social favorita. Estou sempre postando conteúdo na internet e será uma honra ter você acompanhando minhas postagens e interagindo comigo.

Para se conectar comigo na internet por favor visite: **www.RogerioJob.com.br/redessociais**

Será um prazer interagir com você nas redes sociais. Darei o meu melhor para postar conteúdo relevante e responder seus comentários.

Muito obrigado e excelente leitura!
Rogerio Job

Introdução

"As vibrações das forças mentais são as mais sutis e, consequentemente, as mais poderosas que existem."
Charles Haanel

Você já percebeu que algumas pessoas parecem atrair com facilidade todas as coisas boas da vida, como se fossem um imã poderoso?

Não estou falando em conseguir as coisas de modo passivo, sem mexer um dedo mas sim de atrair pessoas, circunstâncias e oportunidades que possibilitem trabalhar na realização de seus sonhos e desejos.

Em nossa sociedade atual é cada vez maior o número de pessoas que estão insatisfeitas no campo pessoal e profissional, mas você já reparou que à despeito disto algumas pessoas parecem ter uma vida de cinema, com saúde, um casamento feliz, abundância financeira e sucesso?

Você já notou que muitas vezes acontece de duas pessoas nascerem e crescerem no mesmo bairro, estudarem na mesma escola, estarem sujeitas ao mesmo futuro, entretanto uma se torna próspera e bem sucedida e a outra sofre com dificuldades diárias para sobreviver?

Qual o segredo das pessoas que conseguem atrair todas as coisas boas que a vida pode proporcionar? Porquê duas pessoas que foram submetidas às mesmas condições podem ter destinos diferentes?

A diferença entre uma pessoa ser bem-sucedida e outra não ser está simplesmente na mente. Nossa mente cria e atrai nossa realidade.

Tudo que existe no mundo foi criado antes na mente. Pense nos grandes inventores da humanidade. Leonardo Da Vinci, Thomas Edison e Santos Dumont, por exemplo. Suas criações surgiram de suas mentes.

Os grandes inventores são a prova de que a mente humana é capaz de atrair e realizar feitos maravilhosos. Através de suas mentes eles atraíram as pessoas, circunstâncias e ferramentas que precisavam para transformar suas ideias em realizações.

Você pode estar pensando, "Mas Rogerio, estes inventores que você citou foram grandes gênios da humanidade". Com certeza, mas isto não invalida o fato de que qualquer realização começa na mente.

Quando um confeiteiro ou confeiteira faz um lindo bolo, o bolo existiu primeiro na mente dele ou dela. Quando um lojista abre uma loja e consegue atrair uma clientela fiel, esta realização aconteceu primeiro na mente dele. As realizações podem ser consideradas "grandes" ou "pequenas", dependendo de quem as observa, entretanto não há dúvidas de que todas as realizações começam na mente.

Vemos diariamente algumas pessoas realizarem feitos que sabemos que nem todas as outras pessoas realizarão. O fato é que no decorrer da vida algumas pessoas *desenvolveram* uma *Mente Magnética* e outras não.

Agora note que eu disse *"desenvolveram"*. Sim, desenvolveram! Algumas nasceram com um certo dom, entretanto a maioria desenvolveu sua mente até ela se tornar uma *Mente Magnética*.

A *Mente Magnética* é aquela que atrai exatamente aquilo que a pessoa deseja atrair.

E você desenvolve uma *Mente Magnética* a partir do momento em que desenvolve sua habilidade de ativar conscientemente a *Lei da Atração*.

A *Lei da Atração* é a lei que coordena e possibilita todos os acontecimentos e circunstâncias do Universo. É a Lei que podemos usar para atrair tudo que desejamos na vida.

Independente de usarmos ou não, a *Lei da Atração* comanda todos os acontecimentos, *bons ou ruins*, que acontecem em nossa vida. Tudo que atraímos passou pela nossa mente antes. Sempre que focamos nossa atenção em alguma coisa, seja por desejarmos ou por temermos, estaremos atraindo esta coisa para nossa vida.

Pensamos o dia todo e então estamos todos sujeitos à *Lei da Atração* 24hs por dia. A boa notícia é que existe um método para pensar da maneira correta e então atrair somente o que realmente irá nos beneficiar.

Geralmente as pessoas negligenciam seus pensamentos porquê não têm consciência do poder que eles exercem em suas vidas. E é por isto que a maioria das pessoas não conseguem criar o destino que deseja.

Ao aprender a liderar seus pensamentos, você passa a liderar seu destino.

Estou falando em destino mas por favor não pense por um minuto que a *Lei da Atração* é algo puramente espiritual ou místico. Ela é uma Lei Universal. A Lei da Atração fascinou e foi usada por desde gênios da ciência como Albert Einstein a lendários homens de negócio como Henry Ford.

Grandes autores do desenvolvimento pessoal como Napoleon Hill, Tony Robbins, T. Harv Eker e muitos outros já a citaram em seus livros e cursos.

O que antes era conhecido apenas por pessoas interessadas em desenvolvimento pessoal, geralmente empresários e homens de negócios, ganhou uma nova dimensão quando personalidades de sucesso e influência como Will Smith, Opra Winfrey e Jim Carrey, entre outros, começaram a revelar ao mundo que utilizaram a Lei da Atração para suas realizações.

No mundo atual onde há constantes mudanças na economia global é completamente impossível uma pessoa ter uma vida plena e próspera sem conhecer e aplicar a Lei da Atração.

Por esta razão eu criei este livro. Para você entender de uma maneira fácil todos os conceitos que cercam a compreensão e aplicação desta lei vital.

Ao ler e aplicar as simples técnicas deste livro, você desenvolverá uma *Mente Magnética* e irá atrair tudo o que deseja para sua vida.

Imagine usar a sua mente para atrair:

- Uma vida próspera e sem preocupações financeiras;
- Plena Saúde;
- A habilidade de alcançar qualquer meta que você deseja em sua vida;
- A habilidade para se tornar o quê você desejar;
- A habilidade de realizar sonhos que antes pareciam impossíveis;
- Todo o sucesso que você deseja;
- A habilidade para atrair sua alma gêmea e um relacionamento feliz;
- A habilidade para transformar qualquer dificuldade financeira em oportunidades;
- Uma infinita fonte de sabedoria para tomar as decisões corretas que atrairão mais bênçãos em sua vida;

- A habilidade de manifestar saúde em todos os aspectos da sua existência, não só saúde física mas, também saúde espiritual;
- Satisfação e felicidade diária fazendo tudo que deseja fazer, na hora em que deseja fazer.

Pois bem, você já deu o primeiro passo para conquistar o que deseja simplesmente ao pensar nestas coisas. Lembre-se que tudo começa em sua mente.

E através deste livro você aprenderá a desenvolver uma *Mente Magnética* e irá atrair infinitas bênçãos para sua vida.

Sobre o Autor: Quem sou eu e Porquê Escrevi este Livro

"Sua saúde, felicidade e prosperidade não são
conseqüências de eventos ou ações de outros, mas da
maneira como você pensa e sente."
Joseph Murphy

Talvez você já tenha ouvido falar de mim como, "pioneiro do marketing digital", "dinossauro da internet", ou como o "primeiro brasileiro a vender um produto digital na internet".

Ou talvez você nunca tenha ouvido falar de mim a não ser por este livro.

De qualquer maneira preciso contar um pouco da minha história para você entender porquê escrevi este livro e porquê você deve lê-lo até o fim.

Em 1998 eu estava desempregado e falido. Depois de adulto tive que morar de favor na casa dos meus pais e as coisas se complicaram a tal ponto que eu parei de procurar emprego e simplesmente peguei o primeiro onde me aceitaram.

Meu salário não dava para pagar minhas dívidas e então eu fazia pequenos trabalhos como freelance. Num destes trabalhos conheci uma mulher chamada Angela que, além de cliente, se tornou uma grande amiga.

Nunca fui de reclamar da vida mas certo dia a Angela percebeu que eu não estava passando por um bom momento. Ela então tirou de sua bolsa um livro e me falou que aquele livro mudou sua vida. Confesso que fiquei um pouco cético, mas agradeci a consideração e comecei a ler o livro naquela noite mesmo.

Aquele livro falava justamente sobre a *Lei da Atração* - explicarei mais adiante e em detalhes como ela realmente funciona. Não encontrei de imediato as respostas para todos os medos e questionamentos que eu tinha na época mas através daquele livro descobri outros autores, palestrantes e mestres que me ajudaram a entender e a me beneficiar da *Lei da Atração*. Aquele livro foi o início de uma grande e recompensadora jornada! E hoje posso dizer que minha amiga *Angela foi um verdadeiro anjo*!

O fato é que demorei anos para entender que tudo em minha vida começou a melhorar lentamente a partir do momento em que li aquele livro. Entretanto jamais me esquecerei de como iniciei minha jornada de atrair bençãos e oportunidades.

Eu tinha um computador velho no qual eu conseguia acessar a internet em casa após a meia noite – explicando que os anos 90 a internet era discada e você não podia conectar à qualquer hora pois pagaria uma fortuna em conta telefônica – *agradeça a Deus por hoje você poder conectar a hora que bem entender.*

Acessando a internet eu descobri que nos países desenvolvidos, principalmente nos Estados Unidos e Europa, muitas pessoas estavam fazendo dinheiro com a venda de produtos digitais. Eram produtos como ebooks, softwares, scripts e cursos.

Resumindo esta parte da história, eu me baseei no que estava acontecendo nos Estados Unidos e Europa e comecei a vender produtos digitais na internet.

No começo foi muito difícil e passei por muitas frustrações. Entretanto, graças aos meus estudos da *Lei da Atração*, eu já estava desenvolvendo uma *Mente Magnética* e aprendendo a atrair realizações. E quanto mais eu desenvolvia uma *Mente Magnética*, mais as frustrações iam dando lugar à realizações.

A partir de 2004 comecei a gerar lucros suficientes para realizar muitos dos meus sonhos que antes pareciam distantes como, por exemplo, comprar um carro novo. E em 2009 realizei o meu maior sonho na época que era viajar para a Europa e conhecer aqueles lugares históricos que eu só conhecia por fotos e filmes. Conheci dezenas de cidades da França, Inglaterra, Escócia, Irlanda, Irlanda do Norte e País de Gales.

Não só conquistei um estilo de vida recompensador como também compartilhei minha experiência e ajudei milhares de empreendedores a iniciarem e alavancarem seus negócios na internet através de ebooks, softwares, cursos e consultorias. E isto me deixou muito feliz.

Entretanto tem um pilar importante do empreendedorismo sobre o qual eu nunca consegui explicar completamente nos meus produtos. Este pilar é o mesmo que utilizei para sair da falência completa e resgatar minha vida. Este pilar me ajudou a *desenvolver uma mentalidade positiva que atrai oportunidades e ajuda a aproveita-las.*

Eu nunca tinha conseguido explicar como consegui realizar tantas conquistas. Mesmo quando o cenário não me era aparentemente favorável, eu conseguia transformar os problemas em oportunidades e atrair ainda mais oportunidades.

Este pilar sobre o qual eu nunca tinha mencionado antes está baseado na *Lei da Atração* e se chama *Mente Magnética*. Ter uma *Mente Magnética* é desenvolver uma mente que atrai não só abundância financeira através das oportunidades mas também saúde, paz de espírito e relacionamentos compensadores.

Comecei a notar que faltava eu ensinar este pilar porquê que, apesar de estarmos vivendo em uma *era de ouro*, as pessoas sentem cada vez mais dificuldades para empreender ou para realizar suas metas e sonhos.

Apesar do baixo custo do acesso à internet, da abundância de informações gratuitas e do acesso fácil à recursos tecnológicos, as pessoas ainda têm dificuldades para conquistar realizações no campo pessoal e profissional.

Por exemplo, hoje podemos nos comunicar com qualquer pessoa do mundo quase de graça e qual a vantagem que a maioria das pessoas tira disto?

Mais do que nunca, existem milhões de oportunidades e a maioria das pessoas não sabe aproveitá-las.

No final da década de 90 e início do século 21 eu consegui enxergar as oportunidades e atrair as condições para que elas se transformassem em realizações.

Eu não tinha nada nesta época a não ser a minha mente. Ao mesmo tempo em que pesquisava e investia como empreendedor, também investia na minha mente.

E foi assim que desenvolvi uma *Mente Magnética*. A minha mente me ajudou a superar qualquer dificuldade, atrair oportunidades e a enxergar soluções naquilo que muitas vezes parecia um problema. E muitas destas soluções se transformaram em produtos que me trouxeram lucros.

Hoje tenho certeza que desenvolver uma Mente Magnética é a primeira coisa que você deve fazer para melhorar sua vida, tanto financeira quanto pessoal.

E é por isto que eu decidi escrever este livro. Para ajudar você a desenvolver sua *Mente Magnética* e começar a atrair tudo que deseja na vida.

Você está lendo este livro por uma destas duas razões: ou porquê você acredita no poder da sua mente, ou porquê você deseja acreditar no poder da sua mente, embora ainda esteja um pouco cético.

Eu estou colocando meu nome e minha reputação neste livro então em ambos os casos tenho uma coisa importante a te dizer. Você não tem absolutamente nada a perder ao ler este livro até o fim.

Talvez você pense que irá investir tempo, mas você iria investir tempo de qualquer maneira em outras coisas, sendo que muitas delas não trariam benefício algum. Quanto tempo nós já gastamos à tôa na vida? Confesso que eu já gastei muito.

A diferença é que o tempo que você irá investir no tópico deste livro irá mudar sua vida para sempre, assim como mudou a minha.

Mas não somente leia este livro. Aplique o que estou ensinando nele. Grande parte do conhecimento foi passado para mim por pessoas que conquistaram feitos maravilhosos.

Simplesmente leia este livro e aplique o que é ensinado. Faça isto por você!

Você irá se surpreender com as coisas boas que virão de encontro à sua vida.

Pronto para começar?

Então venha comigo!

20

Parte 1: Entendendo a Mente Magnética

Entendendo a Lei que Comanda o Universo

"Você é um ímã vivo: você atrai para a sua vida pessoas, situações e circunstâncias que estão em harmonia com seus pensamentos dominantes. Qualquer coisa em que você se concentre em nível consciente se manifesta em sua experiência."
Brian Tracy

A *Lei da Atração* está presente em tudo no Universo. Ela ajuda a governar e organizar todas as formas de vida na terra. A Lei da Atração não é uma força mágica que precisa ser "invocada" por rituais secretos. Ela funciona independentemente de estarmos cientes ou não de sua existência. Usá-la à nosso favor é que requer um certo conhecimento.

Entretanto, o uso consciente da Lei da Atração não está limitado à um pequeno número de pessoas privilegiadas ou guardiãs de grandes segredos.

A Lei da Atração pode ser usada por qualquer pessoa, à qualquer momento, bastando que esta pessoa entenda como aplicar os seus princípios.

A Lei da Atração é a força mais poderosa do Universo, entretanto não é uma força inacessível. Como eu mencionei anteriormente, ela existe e funciona para qualquer pessoa, incluindo você.

Pense em uma pessoa rica que não nasceu rica. Imagine como ela traçou seu caminho para conquistar sua riqueza. Saiba que ela atraiu tudo que desejou em sua vida porquê ela manteve seus pensamentos focados em seus mais profundos desejos de viver como uma pessoa rica.

Este forte desejo, alinhado com *ações e outros fatores*, propiciou a ela utilizar a Lei da Atração à seu próprio favor.

Talvez esta pessoa tenha estudado a Lei da Atração, ou talvez ela tenha compreendido a lei intuitivamente, mas o fato é que esta pessoa aplicou a lei na prática.

Agora, uma coisa que você deve ter em mente é que a Lei da Atração não escolhe pessoas. Ela irá agir para você da mesma maneira que agiu para outras pessoas. O seu trabalho será ativá-la de uma maneira consciente para atrair apenas o que o beneficiará.

Ela irá agir à seu favor mesmo se você tiver chegado ao fundo do poço, desde que você mantenha sua mente positivamente focada no que deseja em sua vida.

Talvez você esteja com a seguinte pergunta em sua mente: *"Se atraímos tudo que desejamos pelo pensamento, porquê atraímos coisas ruins em nossas vidas?"*

Há duas coisas importantes que você precisa saber sobre a Lei da Atração:

1) Ela não funciona apenas através do que você pensa mas sim através de seus sentimentos e vibrações. Quando você emana um sentimento, você cria vibrações. Tudo começa na mente mas são as vibrações que você emana que irão atrair coisas, pessoas e circunstâncias em sua vida. Quanto mais fortes estas vibrações, mais coisas, pessoas e circunstâncias relacionadas a elas você atrairá.

2) A Lei da Atração não distingue "coisas boas" de "coisas ruins". O papel dela não é julgar o que é bom ou ruim. Ela atrairá para você exatamente aquilo que você mais pensa, sente e vibra. Se você pensar em "coisas ruins", sentir elas e criar vibrações relacionadas a elas, irá simplesmente atrair mais do mesmo.

Talvez você esteja confuso neste instante mas vou explicar de outra forma.

Pense na lei da gravidade. Assim como a Lei da Atração ela é uma Lei Universal, só que do mundo físico. Isto significa que ela funciona independente de você utilizá-la conscientemente ou não.

Por exemplo, se você der um mergulho em uma piscina, a lei da gravidade funcionará. E se você cair de um prédio de 20 andares, ela também funcionará. Assim como a Lei da Atração, a lei da gravidade não distingue "coisas boas" de "coisas ruins". Ambas as leis funcionam independente de qualquer coisa.

Porquê Atraímos Problemas e Acontecimentos Negativos?

"Nós não nos damos conta de que podemos cortar qualquer coisa de nossas vidas, a qualquer momento, num piscar de olhos"
Carlos Castaneda

Deixa eu te perguntar: Qual a última vez que você enfrentou um grande problema ou dificuldade em sua vida? Agora lembre-se de como você se sentia no pior momento desta época. O que acontecia quando você pensava muito no problema? A situação parecia melhor ou pior a partir do momento em que você "mergulhava" no problema?

Tenho certeza que você respondeu que quanto mais você pensava no problema, maior ele parecia ser. Esta é a Lei da Atração em ação. Semelhante atrai semelhante. Pensamentos negativos atraem pensamentos negativos. Assim como pensamentos positivos atraem pensamentos positivos.

Agora vamos a um exemplo positivo. Já notou que quando você está em uma conversa animada, ela sempre tende a ficar mais animada. Mais acontecimentos engraçados e situações agradáveis são atraídos de modo mágico para esta conversa. Quando você percebe, está feliz e rindo como uma criança de 6 anos de idade.

Em todas as circunstâncias, sua mente é um imã que atrai pensamentos e sentimentos semelhantes.

Hoje talvez você não se sinta confortável ao ouvir o que eu vou falar mas, acredite, isto transformará seu futuro para melhor: tudo que você possui em sua vida é consequência direta dos seus pensamentos, emoções e desejos. Tudo é fruto da Lei da Atração.

Eu digo que isto transformará seu futuro porquê estar consciente de que está atraindo coisas ao pensar nelas habilitará você a controlar seu presente e consequentemente seu futuro.

A maioria das pessoas imagina que pensamentos são apenas pensamentos. Que pensamentos não influenciam em nada nossas vidas. Isto está muito longe da verdade.

Se você negligenciou seus pensamentos e emoções até este ponto e agora está insatisfeito com sua vida, você agora sabe exatamente porquê está insatisfeito. Lembre-se, a Lei da Atração funciona em todos os aspectos da sua vida.

E como eu havia dito, ela não distingue "coisas boas" de "coisas ruins". E é por esta razão que a maioria das pessoas costumam atrair "coisas ruins" quando focam nelas, independente de desejarem eliminá-las de suas vidas.

Mas agora que você sabe disto, poderá se instruir para dar os primeiros passos para atrair todas as coisas boas que realmente deseja. E é sobre isto que falaremos neste livro. Não apenas em estar consciente de como a Lei da Atração funciona mas principalmente de como usar todo o seu poder a seu favor.

Parte 2: Ativando a Lei da Atração

Transformando seus Pensamentos em Realidade

"Se você pensar que pode ou que não pode, de qualquer forma, você estará certo."
Henry Ford

A Lei da Atração parece ser algo místico para a maior parte das pessoas porquê nossa mente racional ou lógica nos "previne" de ver a verdade por trás do "mundo real". Nossa mente racional nos previne de aceitar plenamente que todas as coisas do "mundo real" estão lá porquê as pessoas manifestaram estas coisas através da mente.

Entretanto, vejamos o quão poderosa é a mente humana: quando um grande lider governa uma nação que está mergulhada em problemas e consegue resolver parte deles, ele está manifestando as mudanças que transformam esta nação para melhor. Seus pensamentos são transformados em realidade.

Mudanças que consideramos "reais" não seriam possíveis sem os pensamentos.

Em uma escala menor, uma pessoa estará capacitada a manifestar seus desejos se utilizar a mais essencial lei do Universo, a Lei da Atração. A lei irá funcionar independente do conhecimento da pessoa sobre a lei. Entretanto, se ela não estiver ciente de como usar a Lei da Atração, então o resultado pode ser exatamente o oposto do que ela deseja. Por exemplo, ela pode desencadear em sua vida a manifestação do que ela mais teme – justamente por pensar e se conectar emocionalmente àquilo que mais teme.

Agora, quando a pessoa utiliza conscientemente a Lei da Atração, duas coisas acontecem: a pessoa fixa seus pensamentos e emoções em pensamentos e desejos específicos e a partir do momento que ela faz isto, desencadeia uma série de eventos que atraem exatamente o que ela deseja.

Imagine a mente humana como um imã capaz de empoderar a si mesmo usando apenas seus pensamentos. Como a mente é empoderada pelos pensamentos corretos, a consequência é a completa atração dos resultados desejados.

O resultado desejado pode ser qualquer um. Uma saúde melhor, um negócio mais lucrativo, mais prosperidade, riqueza, enfim, tudo que você desejar. Se você focar seus pensamentos, emoções e desejos naquilo que deseja utilizando a Lei da Atração, seus desejos se realizarão.

Se você ainda se sente cético quanto à Lei da Atração, pergunte a si mesmo: Porquê minha vida está desta maneira? Porque minha vida é melhor do que a de muitas pessoas no mundo ou porquê há pessoas mais bem-sucedidas que eu?

O fato é que sua vida atual é o resultado direto dos pensamentos que você teve antes. Pensamentos passados, pensamentos presentes e pensamentos futuros, todos terão um grande impacto em sua vida.

A direção e a qualidade da sua vida, depende em muito do que você está pensando e sentindo agora. Nós focamos no presente porquê podemos mudar muitas coordenadas da sua vida futura focando no presente.

Agora, você pode estar se perguntando: *Todos os nossos pensamentos tem um largo impacto em nossa vida?* Não necessariamente.

Há duas classes de pensamentos na mente humana. A primeira classe é chamada *"pensamentos dominantes"*. Estes pensamentos, por serem nosso foco e estarem carregados de emoções e desejos, tem um impacto de longo prazo em nossas vidas.

A segunda classe de pensamento é chamada de "*pensamentos não dominantes*". Este tipo de pensamento não tem nenhum impacto em nossas vidas porquê são menores e superficiais, eles simplesmente vem e vão.

Nosso foco são os "pensamentos dominantes" porquê estes pensamentos estão sempre com você, você os sente mesmo enquanto está dormindo, estes pensamentos alteram seu estado emocional e ativam a Lei da Atração.

Os "pensamentos dominantes" são capazes de ativar a Lei da Atração repetida e constantemente no curso de nossas vidas.

O Poder da Vibração

"Você não pode criar nada neste mundo sem que antes
a tenha concebido mentalmente."
Joseph Murphy

Antes da atração se manifestar, você recebe um sinal. Este sinal só poderá ser reconhecido por você e ninguém mais. Esqueça os outros. Quando se trata da Lei da Atração, ninguém é mais importante que você. Sua importância é intensificada neste processo assim como seus pensamentos começam a atrair exatamente o que você deseja e necessita no preciso momento que você começa a usar conscientemente a Lei da Atração.

Tudo no mundo emite vibrações. Até um átomo tem sua própria vibração. Com o pensamento não é diferente. É importante que seus pensamentos emitam uma vibração somente das coisas que você deseja.

Seus pensamentos começarão a atrair coisas reais. Entretanto, nossa mente é dividida em duas partes: *a mente consciente e a mente subconsciente*. Talvez você já tenha ouvido falar, caso não tenha ouvido, recomendo o excelente livro de Joseph Murphy, *"O Poder do Subconsciente"*.

Não podemos nos aprofundar no tópico *"mente subconsciente"* no momento mas para falar de modo simplificado, é na nossa mente subconsciente que se encontram nossas crenças mais enraizadas sugeridas por nossos pais, professores e influenciadores que tomamos como verdade – pelo menos quando éramos crianças e confiávamos cegamente em tudo que nos era sugerido como verdade.

Normalmente não pensamos e muitas vezes nem nos lembramos do que ouvíamos quando crianças, entretanto todas as nossas lembranças estão guardadas na mente subconsciente, inclusive as crenças que foram passadas a nós por pais e educadores.

O fato é que se sua mente consciente deseja acreditar em uma coisa e sua mente subconsciente não acredita nesta coisa, seu pensamento criará uma *vibração negativa* e ativará a Lei da Atração para atrair o contrário do que você originalmente focou.

Quando seu subconsciente acredita no contrário do que você deveria acreditar para realizar sua meta ou desejo, você se depara com o que chamamos de *"crenças limitantes"*.

Por exemplo, se você foca seus pensamentos em ter muito dinheiro mas durante sua infância seus pais disseram frases como, *"dinheiro é um mal necessário"*, *"dinheiro não traz felicidade* "ou *"é pecado ser rico"*, advinha o que sua mente subconsciente irá vibrar e atrair? Exato, irá atrair *"o contrário de ter dinheiro"*. Isto porquê sua mente subconsciente quer te proteger do dinheiro. Se o dinheiro é um mal necessário, para que ter este mal? Se ele não traz felicidade, de nada serve, não é mesmo? Se é pecado ser rico, você não quer pecar, certo? É chocante, eu sei, mas é assim que sua mente subconsciente pode estar programada.

Se isto acontece com você, se você possui algumas crenças limitantes relacionadas ao que você deseja alcançar, você precisará vencê-las substituindo-as por novas crenças. Você deve inserir em sua mente subconsciente crenças que permitam sua mente como um todo ativar vibrações que por sua vez ativarão a Lei da Atração a seu favor.

Existem várias formas de vencer crenças limitantes e substituí-las por crenças positivas e por questões de espaço não poderei abordá-las neste livro pois é um longo processo, mas uma das mais simples que você poderá utilizar facilmente é a "substituição de palavras".

Acompanhe comigo. O que ativa a Lei da Atração? Vibrações. O que ativa as vibrações? Pensamentos. E como os pensamentos são criados? A partir de palavras.

Se você sente uma palavra como algo negativo, substitua-a por uma que tenha o mesmo significado ou esteja diretamente relacionada a ela.

Funciona da seguinte forma: vamos supor que você tem muitas dívidas para pagar. A palavra dívida por si só já provoca uma vibração negativa. Mas vamos supor que a palavra "dinheiro" também traz a você uma vibração negativa, ao menos por enquanto. Usando a "substituição de palavras", ao invés de pensar e dizer a si mesmo, "Tenho dinheiro suficiente e posso pagar todas as minhas dívidas", diga, "Tenho abundância financeira e posso pagar por todos os benefícios que adquiri".

Note que você agora está pensando em "abundância financeira" e "benefícios adquiridos" ao invés de "dinheiro" e "dívidas". Você não mudou o propósito mas mudou as palavras, os pensamentos e consequentemente as vibrações.

Recomendo que você faça isto para poder utilizar a Lei da Atração mesmo que possua crenças limitantes com relação ao dinheiro ou qualquer outra coisa que deseje conquistar ou alcançar.

Entretanto é importante que aos poucos você realmente elimine estas crenças. Que corte o problema pela raiz para que possa aplicar a Lei da Atração com cada vez mais eficiência.

Por esta razão eu criei um método em áudio chamado *Programação Mental Magnética*. E por você estar lendo este livro, este programa será seu inteiramente *grátis*, como bônus. No final do livro você terá maiores informações.

Este método em áudio irá conduzir você ao *estado alpha*, que é um estado de relaxamento profundo onde você pode programar crenças e afirmações positivas em sua mente.

Na seção *"Bônus"* você terá instruções de como acessar este Bônus Especial.

Um Erro Que Muita Gente Comete sem se Dar Conta

"A Lei da Atração é sempre justa pois o que quer que esteja recebendo vêm em resposta às vibrações que você emite com seus pensamentos."
Esther Hicks

A maioria das pessoas não tem certeza do que deseja na vida. Mas quase sempre têm certeza do que não deseja.

Naturalmente, ninguém deseja ter dificuldades financeiras. De fato, muitas pessoas vivem atormentadas quando enxergam a possibilidade de falir e cair em estado de total pobreza. Este medo gera ansiedade e até mesmo ressentimento porquê aparentemente elas não estão tendo as mesmas oportunidades que as outras pessoas.

Note que estão sendo gerados sentimentos e vibrações do que estas pessoas "não desejam", ou seja, de dificuldades financeiras e suas consequências. E, claro, segundo a Lei da Atração estas vibrações irão atrair justamente mais do mesmo.

Pensar *no que você deseja* e *no que você não deseja* são duas coisas completamente diferentes. Algumas pessoas dirão que "se você souber o que não deseja, automaticamente saberá o que deseja".

Errado! Principalmente quando falamos em como funciona a Lei da Atração. Semelhante atrai semelhante. Se a pessoa pensar e sentir sobre o que não deseja, atrairá mais do mesmo em sua vida.

Ao pensar nas coisas que a faz sentir miserável e triste, a pessoa está emitindo vibrações ao Universo que atraem mais do mesmo, ou seja, coisas que a fazem se sentir miserável e triste.

É por esta razão que muitas pessoas não conseguem sair do endividamento. Quanto mais elas pensam em dívidas, mais contas à pagar e contas atrasadas aparecem. É o que o Universo dará a elas porquê elas não pensam em nada mais a não ser em dívidas.

As pessoas normalmente rebatem isto dizendo: "*Sendo a Lei da Atração uma lei Divina, ela não sabe o que é melhor para mim?*"

Na verdade não se trata disto quando estamos falando em uma lei. Veja por exemplo a lei da gravidade. Se uma pessoa pular de um prédio de 20 andares, a lei da gravidade simplesmente funcionará, independente disto não ser nada bom para esta pessoa. O que você precisa ter em mente é que leis são leis para todo mundo. Ninguém está acima das leis, principalmente das Leis Universais.

Felizmente podemos utilizar a Lei da Atração a nosso favor quando estamos consciente de como ela funciona.

Se você focar no que deseja de todo seu coração, acreditar e fazer suas emoções vibrarem nisto, a Lei da Atração, infalível por natureza, atrairá para você tudo que desejar, independente de qualquer outro fator.

Lembre-se à todo instante: pense e sinta o que você realmente deseja.

Eu sei que é muito mais fácil estar ciente do que não se deseja, então para facilitar a tarefa de identificar o que você deseja eu criei um método chamado "*método do antônimo*". É um método muito simples que você pode repetir. Veja como funciona:

1) Pegue uma folha de papel e use uma caneta para desenhar um risco vertical e dividi-la ao meio;

2) Na parte da direita faça uma lista das *coisas que você não deseja*;

3) Na parte da esquerda faça uma lista das *coisas que são exatamente o contrário das coisas que você listou que não deseja*;

Note que você agora tem duas colunas: a coluna da direita, que se refere *às coisas que você não deseja*. E a coluna da esquerda, que se refere às *coisas que são o contrário do que você não deseja*.

E agora note que na coluna da esquerda você agora consegue identificar exatamente o que você deseja.

Veja como é simples. Se você escrever na coluna da direita, "não quero terminar o mês com dificuldades financeiras", poderá escrever na coluna da esquerda, "quero uma promoção no trabalho".

Vamos à outro exemplo. Se você escrever na coluna da direita, "não quero passar o resto da minha vida nesta empresa", você pode escrever na coluna da esquerda, "quero ter meu próprio negócio".

É um método simples porém muito poderoso. Usando este método você sempre terá respostas sobre o quê realmente deseja atrair para sua vida.

E uma coisa importante: não se preocupe em "*como será realizado seu desejo*" ou seja, os detalhes e ações que você precisará tomar para realizá-lo. Isto é papel do Universo. Ele moverá as pessoas, eventos e circunstâncias para que seu desejo se realize. E também guiará as suas ações no momento certo. Por enquanto apenas identifique seu maior desejo.

A Lei da Atração é simples e ao mesmo tempo complexa. Depende de pequenos componentes para atrair exatamente o que você deseja. É por isto que estou explicando detalhadamente tudo que você precisa saber, assim você irá ter uma consciência progressiva de como esta poderosa lei funciona e aos poucos irá maximizar os benefícios e as recompensas que esta lei trará a você.

Ativando a Lei da Atração para Trabalhar à seu Favor

"Que força é esta, eu não sei. Tudo o que sei é que existe, e está disponível apenas quando alguém está num estado em que sabe exatamente o que quer, e está totalmente determinado a não desistir até conseguir." Alexander Graham Bell

Uma ideia errada que muitas pessoas fazem a respeito da Lei da Atração é que ela é uma fonte de gratificação e felicidade instantânea. Mas não é assim que ela funciona a nosso favor.

A Lei da Atração é a lei mais poderosa do Universo e tão real quanto o ar que respiramos. Ela não toma partido, não julga e nos dá sempre as coisas nas quais estamos focando.

Ela funcionará independente de acreditarmos nela ou a conhecermos, mas se queremos realmente usufruir de benefícios através dela, precisamos estar conscientes dela o tempo todo.

É por isto que estou sempre alertando para as pessoas estarem alertas ao focarem seus pensamentos nas coisas que elas não querem. Ela sempre atrairá o semelhante então se você emitir "sentimentos negativos" ao Universo, ela irá atrair mais motivos, pessoas, circunstâncias e acontecimentos que farão você ter mais "sentimentos negativos". A Lei da Atração nunca falha em atrair mais do mesmo.

Pense neste conceito e lembre-se de todas as vezes em que sentiu que as coisas não estavam funcionando para você. Você imagina porquê as coisas continuaram ruins ou pioraram? Você imagina porquê os mesmos infortúnios aconteciam continuamente contra a sua vontade? Agora isto faz sentido?

Se você está começando a ver o quanto a Lei da Atração é importante para sua vida, deixe-me introduzir um conceito importante sobre esta lei: a *consciência*. A consciência tem um papel crucial na ativação da Lei da Atração na sua vida.

Por "ativação" nós entendemos simplesmente "uso ativo" ou ainda "uso consciente". Claro, a Lei da Atração está presente e funciona na vida de qualquer pessoa, independente dela conhecê-la ou não. Mas estando *consciente* da lei em todo seu poder coloca você em uma posição de vantagem gigantesca em relação à outras pessoas, como você irá descobrir em breve por experiência própria.

Aprendendo a "Desaprender"

"Você nunca saberá o que é capaz de fazer até que você tente."
Bob Proctor

Antes de usufruir dos benefícios da Lei da Atração, você tem que desaprender algumas coisas. Somos condicionados por padrão ao processo de *aprender*. Estamos conscientes de quando estamos aprendendo. Mas e quanto à *"desaprender"*?

Vamos comparar os dois processos e você saberá exatamente como fazer depois.

Quando a pessoa está aprendendo, ela está mais aceitando a entrada de dados, processando e hospedando informações para utilizar depois. Este processo requer habilidade e um desejo consciente de adquirir um novo conhecimento.

Desaprender, por outro lado é também uma forma de aprender. Entretanto vamos enfatizar algo desde o início: desaprender requer aprender e também requer o completo descarte de conceitos, teorias e crenças de longa data.

Desaprender também requer habilidade e desejo. Entretanto, muitas pessoas falham neste processo por ele requerer descarte. Algumas pessoas dirão que é possível aprender novas coisas sem descartar crenças de longa data. Isto pode ser verdade para algumas situações mas não para o aprendizado e aplicação dos conceitos da Lei da Atração. Deve haver um aprendizado consciente e um completo *descarte* de algumas velhas crenças.

Quando alguém aprende sobre a Lei da Atração, é como uma escura e pesada névoa fosse tirada da sua frente. Você começa a ver a beleza da própria criação em sua totalidade. Você começa a ver a importância da *criação ativa* em sua própria vida.

Cada ser humano nasceu neste mundo com a habilidade de criar seus próprios pensamentos. Pensamentos criam realidade e a realidade não tem outra escolha a não ser obedecer.

Agora pouco falamos sobre o processo de *desaprender*. E o que você precisa desaprender para utilizar a Lei da Atração?

Você precisa desaprender a crença comum de que pensamentos não tem impacto direto em sua realidade. Em nossa insensível, "prática" e lógica sociedade é lamentável que pensamentos são frequentemente relegados ao nível da fantasia e do excêntrico. Isto explica porquê apenas uma fração da humanidade é verdadeiramente feliz e realizada. Porquê nem todo mundo está prestando atenção ao que está manifestando em suas vidas através de seus pensamentos.

Você precisa desaprender também a crença comum de que tudo acontece por acaso em sua vida. Esta crença faz com que você não esteja atento aos detalhes de tudo que acontece ao seu redor. Quando você começar a aplicar a Lei da Atração, você precisa estar atento à tudo e à todos pois os veículos para a realização dos seus desejos muitas vezes aparecerão de forma sutil e quase invisível à sua frente.

Por exemplo, muitas vezes o fato de você conhecer uma pessoa não será apenas o acontecimento de conhecer mais uma pessoa em sua vida. Muitas vezes ela dirá algo, ou irá sugerir algo ou ainda irá apresentar uma pessoa a você. Este algo dito ou sugerido ou esta pessoa apresentada a você poderá te levar de encontro a realização de seu desejo.

Ao estar consciente disto, você verá muitas oportunidades e saberá aproveitá-las. E isto acontecerá a partir do momento em que você desaprender a ver "acontecimentos comuns" como "acontecimentos comuns".

Todos os acontecimentos são especiais quando estamos conscientes da Lei da Atração.

A Persistência Gerando Recompensas

"Dê o primeiro passo na fé. Você não precisa ver a escada inteira. Apenas dê o primeiro passo."
Martin Luther King

Pensamentos dominantes possuem duas formas básicas: pensamentos positivos e pensamentos negativos.

Quando as pessoas acordam do sono que a sociedade impôs a elas, geralmente entram em pânico ao fazerem o balanço de suas mentalidades e descobrir que a maioria dos seus pensamentos dominantes são negativos e não positivos.

Mas não há necessidade de pânico. Todos nós temos que começar em um ponto em que não há nada de errado em reconhecer que alguns dos nosso pensamentos são de fato negativos.

Há uma coisa importante que irá te acalmar. Não há uma força no Universo que irá punir as pessoas por pensarem negativo algumas vezes. É preciso um bocado de esforço para trazer algo seriamente negativo em sua vida através dos pensamentos. Você precisa pensar o tempo todo em nada mais que horríveis fatos que possam acontecer a você antes que este grau de negatividade seja atraído para sua vida.

Precisa haver um grande e persistente esforço para atrair a negatividade equivalente a este esforço em sua vida. Claro que qualquer um pode atrair fatos e acontecimentos negativos, mas dificilmente em um grau que comprometa sua vida ou não possa ser reajustado.

Esta é uma boa notícia pois significa que na maioria das vezes você tem tempo para trabalhar em prol daquilo que você realmente deseja atrair usando a Lei da Atração.

Não se sinta intimidado pelo aparente ciclo gigantesco de pensamentos negativos que você possa ter em sua mente. Acredite, nenhum ciclo negativo é poderoso o bastante para afetar de verdade sua vida. Ele pode parecer grande para você mas seja o que for que esteja pensando e sentindo no momento, acredite que isto é gerenciável e controlável. Deixe esta recém-descoberta acender a positividade em sua vida, assim você estará livre para criar novas possibilidades.

Criar ciclos positivos requer consciência e desejo porquê poucos estão acostumados ao processo. A maioria das pessoas está habituada a pensar negativamente. Nem todo mundo é um expert em pensar positivamente.

Por quê você deve escolher pensamentos positivos à pensamentos negativos?

Tirando os benefícios óbvios (por exemplo, transmitir as vibrações corretas ao Universo), o pensamento positivo nos dá uma direção clara e uma visão clara de nossos desejos e metas, no curto e longo prazo.

Dominando Pensamentos Dominantes

"O pensamento predominante ou a atitude mental é o imã, e a lei é a de que o semelhante atrai o semelhante; consequentemente, a atitude mental sempre atrairá as condições que correspondam à sua natureza."
Charles Haanel

Como disse anteriormente, a Lei da Atração não funciona instantaneamente. Há sempre um atraso para a manifestação de um desejo. Esta é uma boa coisa pois se tudo em que focamos nossos pensamentos acontecesse instantaneamente, seria muito difícil ter controle sobre nossas vidas.

Este atraso possibilita que possamos repensar nossos desejos e necessidades. E nos permite reavaliar o que realmente desejamos em nossas vidas então podemos fazer correções se necessário.

Este atraso na manifestação de nossos desejos também ajuda pois se você estiver manifestando coisas ruins em sua vida por causa de pensamentos negativos, você tem a chance de alterar à tempo os acontecimentos futuros mudando os seus pensamentos. De fato, sem atraso a vida de qualquer um poderia se transformar em um caos sem solução.

Lembre-se, pensamentos positivos dão origem a mais pensamentos positivos enquanto pensamentos negativos dão origem a mais pensamentos negativos.

Pensamentos aumentam seu poder através da persistência e se você focar seus pensamentos e emoções com persistência, à ponto de criar fortes vibrações, qualquer coisa que esteja pensando será atraído para você pela virtude da Lei da Atração.

Você percebe o quanto seus pensamentos são importantes para o propósito de usar a Lei da Atração para manifestar o que você deseja na vida? Seus pensamentos são o processo, e esta é a razão pela qual você deve aprender a dominar sua mente. Dominar sua mente trará completa consciência de todos os pensamentos que você cria diariamente.

Esta consciência deve ter um grau de controle. Eu altamente recomendo que você pratique algum tipo de meditação, programação mental ou mentalização diária para ajudá-lo a ter clareza em sua mente e dominar seus pensamentos

No final deste livro você poderá acessar o Bônus Especial *Programação Mental Magnética* que ajudará você neste processo.

Assim que você criar pensamentos novos e positivos, uma renovada versão de você estará nascendo. Esta sua nova versão estará focada em coisas que você realmente precisa na vida e não mais estará sujeito à acontecimentos aborrecidos do dia a dia.

Você estará acima destas questões porquê você agora terá uma nova missão: *manifestar as suas condições ideais de vida.*

Emoções e Vibrações da Atração

"Siga seu entusiasmo e o Universo abrirá portas onde antes só haviam paredes."
Joseph John Campbell

Teriam as emoções um papel a desempenhar na maximização de benefícios da Lei da Atração? Sim! Emoções estão totalmente integradas ao processo do pensamento humano.

Uma coisa importante para você ter sempre em mente:

O que você sente é um reflexo direto do que você está pensando.

Mesmo que você não esteja consciente destes pensamentos...

O que você sente é um reflexo direto do que você está pensando.

Pensamentos diferentes circulam na mente humana e nós só conseguimos estar conscientes de um pensamento por vez. Há pensamentos que são processados enquanto nós falamos ou enquanto nós ouvimos.

Mesmo que não estejamos conscientes destes pensamentos, nossas emoções nos dizem em que estamos pensando no momento.

Se a pessoa sente ansiedade, ela provavelmente está pensando em algo que pode causar mal a si mesma ou à alguém de sua família. Se a pessoa sente raiva, ela provavelmente está pensando em alguém que a ofendeu ou causou algum mal no passado. Se a pessoa se sente feliz, talvez esteja pensando em um acontecimento do passado, alguma coisa que ela ganhou ou em um evento que sentiu como positivo em sua vida.

Emoções são como a *irmã gêmea* dos pensamentos. Quando você pensa, uma emoção associada a este pensamento emerge. Nós somos peritos em detectar emoções mais que pensamentos. Você já experimentou sentir-se triste ou deprimido e não saber porquê está se sentindo desta maneira?

Se isto aconteceu você provavelmente pensou em coisas muito ruins, e suas emoções simplesmente responderam a estes pensamentos. Suas emoções emergem automaticamente e não é necessário um monitoramento consciente dos seus pensamentos para que elas surjam.

Da próxima vez que você se sentir triste ou deprimido, pergunte a si mesmo: no que eu estive pensando nos últimos minutos?

Você ficará surpreso com o quê este exercício irá revelar sobre você e, mais importante, como você processa pensamentos positivos e negativos no seu dia a dia.

Algumas pessoas dizem que as emoções são irracionais e nunca devem ser consideradas como um fator crucial para tomar decisões importantes na vida. Nada está mais longe de ser verdade. Se você ignorar suas emoções e continuar ignorando-as no futuro, você nunca estará habilitado a controlar seus pensamentos.

Controlar seus pensamentos requer controlar suas emoções também. Você deve estar sempre consciente sobre o que está sentindo então você pode facilmente escolher o que realmente deseja sentir ao escolher seus pensamentos. Uma emoção tem sempre um *pensamento gêmeo.*

Emoções podem ser visualizadas como um mapa para seus pensamentos. Ela deixa uma clara trilha para você seguir.

Emoções nunca devem ser excluídas ou subestimadas. Ao invés disto, analise as emoções e tente descobrir porquê está se sentindo daquela maneira, qual pensamento causou esta emoção. Desta maneira, muitos obstáculos, dificuldades e problemas da sua vida real poderão ser resolvidos mais facilmente.

Lembre-se sempre que emoções não existem à toa. As emoções estão sempre presentes para lembrar você dos seus pensamentos do passado e do presente. Se você se sente mal de alguma forma, um ou vários pensamentos estão causando isto em você. Se você sente raiva, o mesmo princípio se aplica.

As emoções também enviam sinais com uma frequência definida ao universo.

Se você tem sentimentos deprimentes diariamente e não faz nada para parar os pensamentos que causam estes sentimentos, você está dizendo ao Universo que você adora estes sentimentos deprimentes e que você quer mais deles em sua vida.

Embora isto não faça sentido para quem está se sentindo deprimente, é assim que a Lei da Atração funciona. Ela não escolhe o que é bom ou mal para você. Você é responsável por isto. Você é responsável por escolher o que você deseja atrair.

E qual o verdadeiro papel das emoções na atração e manifestação em sua vida?

Quando uma pessoa se sente bem, ela se sente motivada para focar em pensamentos positivos e as coisas que ela realmente deseja se manifestam em sua vida.

Se o seu foco está em pensamentos positivos e sentimentos positivos, suas emoções também irão atrair eventos que trarão mais felicidade e positividade em sua vida. Emoções positivas irão atrair mais eventos positivos.

Uma coisa muito inteligente a se fazer é celebrar e comemorar qualquer acontecimento positivo da sua vida pois isto irá atrair mais ocorrências positivas. O Universo atrairá mais do mesmo para você.

Não há limites para o que a Lei da Atração pode atrair para a vida de uma pessoa. Entretanto há um limite relacionado ao indivíduo que aplica a lei, não a lei em si.

Se você não se sente confortável ou positivo ao desejar algo que racionalmente você julga bom para si, nem os melhores dos pensamentos irão manifestar o que você deseja.

Se há uma questão não resolvida dificultando sua habilidade de focar no que você deseja manifestar, pode levar um tempo muito longo para isto acontecer em sua vida. Em alguns casos, este entrave emocional pode prevenir completamente você de manifestar as coisas que você deseja.

Se você se sentir desconfortável e negativo ao desejar algo supostamente positivo, pergunte a si mesmo quais são os pensamentos que estão gerando estes sentimentos contraditórios.

Algumas vezes você poderá ajustar facilmente seus pensamentos, outras vezes terá que trabalhar mais nisso. Talvez você esteja pensando em palavras que ativam crenças limitantes.

Seja como for, estando consciente dos seus sentimentos, você poderá mudá-los ao mudar seus pensamentos.

Parte 3: Criando seu Caminho

Como Saber se Você está no Caminho Certo

"Não opte pelo conveniente, pelo confortável, pelo
respeitável, pelo socialmente aceitável, pelo honroso.
Opte pelo que faz o seu coração vibrar."
Osho

Algumas pessoas tem uma habilidade natural para saber se estão no caminho certo. Sabem usar muito bem seus instintos e intuições. Estas pessoas também sabem como combinar seus pensamentos com o que estão sentindo no momento. Elas sabem usar um *mecanismo de guia natural* que todo ser humano tem.

Este mecanismo é complexo, entretanto todos nós sabemos como usá-lo desde que nascemos. À medida que "crescemos" costumamos complicar seu uso.

É por isto que é necessário um certo grau de "desaprendizagem" se você realmente deseja usar a Lei da Atração à seu favor. As pessoas geralmente escutam suas emoções por último. Muitas vezes estão mais propensas a escutar a opinião de outras pessoas do que seus próprios pensamentos e emoções.

Isto é totalmente errado porquê ao ouvir outra pessoa você esquece de ouvir seu próprio mecanismo de guia natural. Você estará assim canalizando os pensamentos de outra pessoa.

Em alguns casos isto poderá ajudar mas se você estiver se sentindo bem e não há nada impedindo você de pensar claramente e tomar decisões por si próprio, não há razão alguma para você canalizar o pensamento de outras pessoas ao invés dos seus pensamentos.

Em sua vida, a Lei da Atração escuta você e somente você sozinho. Você é a estrela, a fonte de todos os pensamentos que estão atraindo eventos paralelos e condições no Universo.

Preste atenção à sua própria análise do que está acontecendo em sua vida e transmita pensamentos e imagens positivas ao Universo então esta positividade será refletida para você.

Detectando a Negatividade e Mudando suas Vibrações

"A Lei da Atração responde a qualquer vibração que você emita, seja ela positiva ou negativa, "dando-lhe mais dessa mesma coisa. Ela simplesmemnte responde ás suas vibrações."
Michael Losier

Agora você sabe que as emoções são uma excelente indicação do que está acontecendo em sua mente. Mas você sabia que as emoções são também um sistema de *feedback* do Universo?

Pense por um momento. Quando algo ruim está acontecendo em sua vida, você se sente deprimido, triste, zangado, etc.

A tendência de algumas pessoas é alimentar estas coisas ruins.

E quando você alimenta estas coisas ruins, você está enviando ao Universo um sinal que atrai mais negatividade. Isto porquê semelhante atrai semelhante, como você já sabe.

Se não tivéssemos nenhum mecanismo de guia interno, nós não teríamos consciência de que coisas ruins estão acontecendo conosco.

As emoções dizem para nós que estamos enviando sinais errados ao Universo. Se você se sente horrível, zangado ou triste, isto significa que suas vibrações estão atraindo mais forças e eventos negativos.

Se você mudar as vibrações que está enviando através dos seus pensamentos, a manifestação em sua vida igualmente mudará.

Mesmo o menor dos problemas pode desencadear uma onda de acontecimentos desagradáveis. Você já teve um daqueles dias ruins? Por exemplo, um dia em você bateu o joelho na quina da cama logo ao acordar e praguejou meio mundo? Ou quando você derrubou café na roupa quando estava atrasado? Talvez você tenha perdido um vôo? Ou talvez sua internet tenha falhado no momento em que mais precisava?

O pequeno problema inicial do seu dia atrai todos os outros infortúnios. Seu estado emocional muda para o negativo e continua no negativo durante todo o dia.

Então toda vez que você se sentir emoções negativas, force a sua mente a descartar os pensamentos negativos. Comece a "alimentar-se" de pensamentos positivos e aos poucos você sentirá emoções positivas também.

Ao mesmo tempo, descarte as vibrações negativas. Faça isto e o Universo encontrará uma maneira de melhorar o seu dia. E dentro de dias ou semanas fazendo isto, você verá uma mudança notável em sua vida como um todo.

No começo isto irá exigir uma certa determinação de sua parte. Sem determinação, nada acontece. A Lei da Atração não funciona sem a sua determinação.

Mas após este esforço inicial, a própria Lei da Atração irá ajudá-lo a tornar este esforço em um hábito natural e mais adiante você se tornará um mestre em atrair coisas boas e irá atrair o que deseja com cada vez mais facilidade.

Mentalização para Atrair o Que Você Deseja

"A imaginação é tudo. Ela é uma prévia das próximas atrações. A imaginação envolve o mundo."
Albert Einstein

Grande parte deste exercício será feito com os olhos fechados, então você terá que decorar parte dele. Entretanto esteja à vontade para recriá-lo, o que importa é sua essência.

Feche seus olhos e pense na única coisa que deseja mais que tudo no mundo.

Medite por alguns minutos para clarear a sua mente e coloque nela o pensamento do que deseja.

Mantenha sua mente focada nesta imagem e anime-a. Pense em alguns detalhes daquilo que deseja. Agora imagine que já está usufruindo daquilo que deseja. Sinta que já está usufruindo aquilo que deseja.

Agora sinta-se feliz como se já tivesse conquistado o que deseja. Deixe o sentimento de felicidade se espalhar por todo seu corpo. Sinta isto em seu peito, em sua barriga, em seus dedos, em suas pernas e nos dedos dos pés. Imagine um raio de luz branca iluminando você enquanto imagina o seu maior desejo sendo realizado.

Sinta por um instante o prazer de ter realizado seu desejo.

Agora, durante cerca de um minuto, expresse sua gratidão por ter seu desejo realizado. Diga, por exemplo, "Obrigado (Deus, Universo ou Divino, esteja à vontade aqui) por ter realizado meu desejo. Estou muito feliz agora." Agradeça da maneira que seu coração desejar agradecer.

Ao terminar de agradecer, abra os olhos mas continue sentindo esta emoção em seu coração.

Sempre que se sentir triste ou com qualquer emoção negativa, faça esta mentalização e, além de parar conscientemente a negatividade, você estará transmitindo vibrações positivas que ajudarão a atrair o que você deseja.

Faça esta simples mentalização um pouco antes de dormir e você continuará transmitindo bons sinais para o Universo mesmo quando estiver dormindo.

Dica: Sempre que tiver oportunidade, utilize o Bônus Especial *Programação Mental Magnética* para atrair com mais rapidez e eficácia aquilo que deseja. Mais informações no final do livro.

Criando Pistas Afirmativas

"Adote o hábito de dizer algo amável ao pronunciar as primeiras palavras pela manhã. Isso estabelecerá sua disposição mental e emocional para todo o dia."
Norman Vincent Peale

Quando uma pessoa tem dificuldades em manter seus pensamentos e emoções na vibração correta, ela pode usar *pistas afirmativas*. Pistas afirmativas são como um método de memorização para a mente e o coração.

Há dois tipos de pistas afirmativas: pistas afirmativas baseadas na memória e pistas afirmativas baseadas em atividade.

Vamos falar sobre o primeiro tipo de pista afirmativa que é a *pista afirmativa baseada na memória*.

Para usar uma *pista afirmativa baseada na memória*, siga este simples procedimento:

Lembre de uma memória particular de um acontecimento que trouxe a você uma grande felicidade. Pode ser a memória da visita de um parente muito querido, de um encontro muito especial, ou pode ser a memória de alguma coisa que você comprou e gostou muito, uma roupa, CD, moto, carro, etc.

Agora feche os olhos e abrace este sentimento. Visualize esta memória com os olhos da mente e lembre-se como você se sentiu feliz quando este evento aconteceu em sua vida.

Sinta a felicidade e satisfação e reviva isto em sua mente. Sinta-se bem!

Agora abra seus olhos e agradeça ao Universo (ou à Deus, ao Divino, da forma como você se sentir melhor) por esta benção.

Sempre que você se sentir para baixo ou depressivo, invoque esta memória para corrigir seus pensamentos e emoções.

Agora vamos falar sobre o segundo tipo de pista afirmativa que é a *pista afirmativa baseada em atividade*.

Vamos dizer que você se sente muito triste porque recebeu uma notícia terrível. Você sente que sua vida não vale a pena e os pensamentos negativos criam uma espiral fora de controle na sua mente.

Nestas situações, pistas afirmativas baseadas na memória podem não funcionar devido a gravidade da situação.

Você precisa de uma intervenção, de uma pista que force sua mente enxergar além da negatividade.

Pense em uma atividade que sempre o deixa muito feliz e faça-a. Por exemplo, cantar, dançar, brincar com seu cão ou gato, pintar, andar de bicicleta, ou qualquer coisa que você adora fazer. Não importa o tipo de atividade que você tenha em mente desde que você se sinta feliz e relaxado quando está fazendo.

Faça isto sempre que sentir que está perdendo o controle da sua vida. Lembre-se de fazer isto sempre que se sentir sobrecarregado com problemas e toda a negatividade que eles acabam trazendo.

Para a lógica racional, fazer uma atividade prazerosa quando se enfrenta um problema sério é praticar negligência. Entretanto o que não faz sentido é ficar ansioso, se martirizando e sofrendo por algo que você não pode resolver de imediato. Isto sim é negligência. Você negligencia sua saúde, seu prazer de viver e ainda atrai mais negatividade pois semelhante atrai semelhante.

Na maioria das vezes o problema requer calma e tempo para ser resolvido. E para a maioria das pessoas as soluções surgem quando estamos mais relaxados e longe da negatividade que o problema trouxe.

Aqui se aplica o mesmo princípio de que semelhante atrai semelhante então quando você pratica uma atividade que te deixa feliz você atrai positividade e cria um novo ciclo.

Esta atividade será a sua *pista afirmativa baseada em atividade*.

Ao mesmo tempo em que você lentamente se distancia da negatividade, seus pensamentos e emoções caminham para a positividade novamente.

E sempre que você tiver que retornar para resolver o problema, a solução virá mais facilmente.

Você deve fazer isto não apenas por causa da Lei da Atração mas porquê isto faz total sentido. Sentir-se triste não irá levá-lo a lugar algum.

Pistas afirmativas são efetivas para clareza da mente e purificação dos pensamentos e emoções. São um verdadeiro bálsamo para o coração e para a mente.

Alinhando-se com o Universo

*"A vida reflete seus pensamentos acerca de você
mesmo"*
Napoleon Hill

O Universo está em um constante estado de fluxo e realinhamento. Todos os dias, assim como vivemos nossas vidas, o Universo recebe nossas transmissões e frequências e a Lei da Atração assegura que nossos desejos serão refletidos de volta para nós. Nós queremos estes reflexos do Universo para tudo se tornar positivo.

Antes disto acontecer, você deve reconhecer que o Universo é uma força positiva. O Universo é um complexo campo de criação que recebe e emana energia de todos os seres vivos.

Mesmo em momentos de destruição, quando a vida no planeta corre risco, o Universo assegura que nenhuma energia é perdida.

Coisas são apenas transformadas. Mudança é o único fator constante desta equação. E é este fator constante que faz a Lei da Atração ainda muito mais poderosa.

Se no Universo há mudança e transformação constantes, mudanças e transformações na sua vida são perfeitamente possíveis. E não falo em pequenas mudanças e sim em mudanças que podem determinar, saúde, prosperidade, relacionamentos felizes e tudo mais que você desejar.

O Universo existe para ajudar você conquistar tudo que deseja. E o ajudará a partir do momento em que você estiver alinhado com ele. Seu alinhamento com o Universo deve ser realizado dia após dia.

Comece com pensamentos que abracem a benevolência e generosidade do Universo.

Diga a si mesmo que o Universo está aqui para te ajudar. Diga a si mesmo que o Universo é como um parque maravilhoso e que você merece o melhor banco deste parque.

Lembre a si mesmo que tudo que você deseja já está sendo trazido a você e que sua vida é cheia de abundância e bênçãos. Limpe sua mente e permita-se ficar imerso em pensamentos e emoções afirmativas.

Faça isto regularmente. Este é um atalho para usar a Lei da Atração para sua plena vantagem.

Leva algum tempo para você aprender a fazer isto com maestria, mas o completo alinhamento com o Universo fará você habilitado para manifestar tudo que deseja em sua vida.

O Universo Suprindo os seus Desejos

*"Quando você deseja alguma coisa, todo o Universo
conspira para que você realize o seu desejo"*
Paulo Coelho

Todas as pessoas tem profundos desejos. Desejos tão intensos que mesmo após anos eles sobrevivem. Certamente você tem seus desejos também. E deseja que eles se manifestem, correto?

Para isto você tem que dar um importante passo: *escolher*. Este realmente é o primeiro e mais fundamental passo de todos.

Agora você precisa entender a Lei da Atração como um instrumento de medição preciso. Ele é preciso porquê está habilitado a reconhecer o que você deseja independente da sua consciência do que está pedindo.

Se você está sempre preocupado com saúde e está focando neste tipo de negatividade o tempo todo, você poderá atrair mais doença do que saúde. Lembre mais uma vez que a Lei da Atração reflete seus desejos baseado em seus pensamentos e emoções.

Isto significa que você deve ser muito claro e preciso sobre o que você deseja.

Imagine você, morrendo de fome, ligar para uma pizzaria e falar à atendente: "Por favor, quero uma pizza". Ela vai dizer a você os sabores disponíveis. Agora imagine você falar novamente para a atendente, "Por favor, quero uma pizza". Ela não vai poder te atender enquanto você não fizer sua escolha.

O mesmo acontece com a Lei da Atração. Se você não souber o que deseja, o Universo não poderá fazer a entrega.

A partir do momento em que você tem uma visão clara do que deseja e começa a usar a Lei da Atração conscientemente, então sim o Universo poderá mover céus e terras para realizar o seu desejo.

Parte 4: A Manifestação

A Crença na Atração e Manifestação

"Tudo quanto em oração pedirdes, tenhais fé que já o recebestes, e assim vos sucederá."
Jesus Cristo

Você pode ter acreditado em tudo que discutimos anteriormente. Mas você acredita que pode manifestar tudo que deseja em sua vida com o poder dos pensamentos e emoções?

Acreditar em um processo de manifestação pode ser difícil para algumas pessoas, especialmente aquelas que estiveram submersas em nossa fria, lógica e racional sociedade.

Não deixe a dúvida bloquear seu caminho. Apenas siga os passos explorados anteriormente neste livro e todos as suas dúvidas e negatividades desaparecerão.

Se sua mente está pedindo algo para o Universo mas ela rejeita a ideia de que seus desejos irão se manifestar em sua vida, a manifestação não poderá ocorrer.

Dúvida e ceticismo podem prejudicar sua habilidade de manifestar o que deseja. Estes pensamentos irão bloquear a transmissão de seus desejos ao Universo.

A Lei da Atração é bastante obediente. Ela irá tomar nota do seu ceticismo. Por exemplo, se você deseja mais riqueza mas está duvidando da ideia de manifestar riqueza em sua vida, a Lei da Atração irá refletir esta negatividade de volta a você. Como resultado, nenhuma riqueza se manifestará.

Você deve ter fé de que está fazendo algo real para alcançar suas metas e ao mesmo tempo deve acreditar firmemente que você já recebeu o que você pediu ao

Universo. Sua crença na generosidade do Universo e na Lei da Atração deve ser completa.

Todas as dúvidas devem ser descartadas porquê você não ganha absolutamente nada sendo cético. É como duvidar da lei da gravidade ou do princípio da inércia. O que você ganha duvidando da lei da gravidade? Isto só poderá machucar você se duvidar da lei da gravidade e pular de um telhado. Não faz nenhum sentido duvidar e o mesmo acontece com Lei da Atração.

A parte mais difícil deste processo é que você não pode ver a Lei da Atração em ação. Muitas pessoas sentem o equivalente a comprar algo que não se pode ver ou sem data de entrega.

Se você se sente desapontado porquê seus desejos ainda não se manifestaram, é tempo de reaprender a magnífica habilidade que muitos de nós perdemos quando adultos. A habilidade de *acreditar*.

Crianças acreditam no que é difícil acreditar. Acreditam em milagres. Acreditam em fadas e no Papai Noel. E isto lhes faz em.

Não estou falando para você acreditar em fadas ou no Papai Noel mas acreditar em algo que grandes gênios da humanidade como Alexander Graham Bell, Albert Einstein, Henry Ford e tantos outros acreditaram. De forma alguma eles podiam estar errados.

Faça sua crença aumentar a cada dia que passa e quanto maior o seu nível de crença, mais magnética será sua mente e mais e maiores realizações se manifestarão em sua vida.

Seja persistente em acreditar que você já recebeu por aquilo que você pediu. Seja persistente em lembrar a si mesmo que Universo já ouviu sua ordem e está fazendo de tudo para entregar o que você pediu. Lembre-se sempre que o Universo é seu maior aliado e sempre ouve seus pensamentos dominantes e emoções.

E quando você acreditar que receberá aquilo que pediu, você deve deixar ir embora todas as suas ansiedades. Você deve deixar o Universo rearranjar todas as circunstâncias para o que você pediu seja atraído para você.

Acredite que você irá receber pelo que pediu mas esteja ciente de que você não precisa saber exatamente *como isto irá acontecer*.

É importante que você esteja consciente disto para que seu pedido seja realizado.

O Universo dará um jeito de realizar seu pedido mas não cabe a você saber os detalhes de como isto será feito.

Claro que você precisará agir para receber, mas o Universo lhe mostrará, de alguma forma e na hora certa, como agir.

Deixe o Universo cuidar da parte que a ele cabe pois ele jamais falha em entregar o que você realmente deseja. Apenas seja claro em seu desejo e o Universo cuidará do resto por você.

Ação Redefinida

"O entusiasmo é a maior força da alma, conserva-o e
nunca faltará poder para conseguir o que deseja."
Napoleon Hill

Uma vez que você complete o processo de crença você sentirá uma mudança essencial ocorrendo: todo o seu stress, irritação, e frustração irá começar a desaparecer. Todas as suas dúvidas e ansiedades irão se evaporar.

A Lei da Atração guiará você para onde você deve ir para atrair o que você deseja na vida.

Atrair não significa que tudo virá para você sem que faça nada. Não é assim que a Lei da Atração funciona.

Se você deseja algo, você precisa se tornar como um *imã dinâmico* que atrai coisas e circunstâncias com as quais você sentirá satisfação e felicidade em interagir.

Estamos falando de *ação redefinida*. E o que a diferencia da ação comum ou trabalho de realização comum?

No trabalho de realização comum, tudo é um fardo pesado. As coisas são extremamente difíceis. Como no dito popular, "você tem que matar um leão por dia". As condições para realizar algo muitas vezes são próximas do impossível, especialmente se você permite que a negatividade te envolva.

Para atrair e manifestar seus desejos e metas, o trabalho de realização comum é transformado em *ação redefinida*.

Ação redefinida é muito poderosa porquê você não sentirá mais o stress do mundo. É como você abandonar as algemas e pesos da realidade para montar em uma nuvem que se movimenta rapidamente.

A Lei da Atração atrai o que você deseja e tudo se torna realizável. Mas como um tesouro perdido, você precisa cavar para pegá-lo. Deve haver ação ou determinação para alcançar o tesouro.

Imagine o Universo entregando a você tudo que pediu. Se você não esticar as mãos para pegar, você não receberá nada.

Algumas pessoas perguntam porquê há tanta demora para manifestar as coisas que elas desejam. Eu perguntaria a elas, você está esticando seus braços para pegar o que você pediu? Você está ativamente recebendo o quanto você pediu de coisas para o Universo? Ou você parou de receber ativamente após pedir por algo?

O que o Universo espera de alguém que pediu por algo? Espera que você saiba exatamente o que você deseja e que saiba como receber isto.

Receber algo requer ação. Se algo já foi atraído, isto significa que o Universo rearranjou coisas, pessoas e circunstâncias ao redor de você então seus resultados desejados estão muito mais próximos de você.

Se você tivesse comida na geladeira, você morreria de fome se soubesse preparar seu jantar? Claro que não.

Se você não quiser pegar os ingredientes da geladeira e decidir apenas esperar para que a refeição apareça na sua frente, você irá passar fome.

O mesmo se aplica a Lei da Atração. As coisas não aparecerão magicamente na sua porta. Mas você precisa ter certeza de que se você precisa de riqueza, saúde ou qualquer outra coisa neste mundo, esta coisa já está à caminho. E por sua própria capacidade você estará habilitado a receber o que você deseja.

A Ilusão do Tempo

"Qualquer coisa que a mente do homem pode
conceber, ela pode também alcançar."
William Clement Stone

O tempo é um conceito humano que é verdadeiramente ilusório. O tempo dá às pessoas uma falsa sensação de certeza.

As pessoas tem uma inclinação à medidas precisas. Trabalho é medido em horas. Tudo é linear. Tempo é linear.

Entretanto os melhores cérebros do mundo admitem que o tempo, uma das mais básicas formas de medição da humanidade, é uma ilusão.

O Universo e o processo de criação, atração e manifestação são eventos complexos e não podem ser medidos acuradamente por tempo. Se você tentar medir estes eventos com o tempo humano, você ficará muito desapontado.

O Universo opera em seu próprio conceito de duração. Ao invés de focar na duração do tempo entre manifestações ele foca em *como você pode ativamente receber pelo que pediu.*

Algumas vezes você até precisará se perguntar: "Estou realmente pronto para receber esta realização?" E muitas vezes você sentirá que não estará. Algumas vezes você precisará passar por níveis ou etapas antes de receber pelo que deseja.

Por exemplo, talvez seu sonho seja ser um ator, músico ou cantor de sucesso. Entretanto você precisa adquirir experiência e maturidade para saber lidar com diretores, produtores, o assédio de fãs, aprender dar entrevistas, etc. Há muitos artistas que fazem sucesso rápido e desaparecem rápido por não saberem lidar com suas carreiras. Neste caso é preciso começar com "sucessos menores", primeiro limitado à mídias locais ou à um canal gratuito de vídeos da internet, por exemplo, para depois ganhar o mundo.

De qualquer modo, é importante que você mantenha a fé durante toda a jornada pois seu maior desejo se realizará no momento certo.

Realizações sem Limites

"Quando uma criatura humana desperta para um grande sonho e sobre ele lança toda a força de sua alma, todo o universo conspira a seu favor"
Johann Goethe

Para que as manifestações ocorram, você deve estar o todo tempo alerta para o que acontece à sua volta para receber o que o Universo dará a você.

Já aconteceu de você deixar de fazer algo na vida e depois pensar: "Ah, se eu tivesse feito isto à X anos atrás quando tive a oportunidade... talvez minha vida estivesse muito melhor hoje..."?

Talvez isto tenha acontecido com você. O fato é que se você não estiver atento, poderá deixar passar muitas oportunidades de receber ou de possibilitar o recebimento daquilo que tanto deseja.

Ouça seu coração também. Muitas vezes, o caminho para você receber o que deseja é indireto. Talvez você precise conhecer uma determinada pessoa que aparentemente não tem nada a ver com seu desejo entretanto possibilitará de alguma forma a realização dele. Talvez você precise viajar para outro estado ou país. Se você pensar apenas racionalmente, poderá se auto-sabotar muitas das vezes. Você precisa escutar seu coração e não só a razão.

Não estou dizendo para você fazer loucuras, mas diante de situações incomuns que exijam que você tome decisões fora da sua "zona de conforto", pergunte-se: "Será que isto não poderá ser bom para mim? Será que nisto que eu tenho medo de fazer não está uma grande oportunidade disfarçada?

Depois de fazer estas perguntas, analise como se sente. Você se sente bem ao responder sim à determinado convite ou possibilidade? Se você se sente bem, é certo de que deve dizer sim.

Confie mais em seu coração e sempre terá as respostas que deseja.

Não existem limites para suas realizações quando falamos da Lei da Atração.

Entretanto, pode ser o caso de você ter uma meta tão grande e ambiciosa que sua mente duvida completamente da realização. Sua mente parece dizer que você não está pronto ainda.

Como exemplo, vamos supor que você tenha um negócio que está gerando R$ 5.000,00 por mês. Você tem como meta chegar à R$ 30.000,00 por mês daqui à 12 meses. Por mais que você mentalize esta meta, sua mente poderá dizer a você, "impossível".

Por esta razão eu sugiro que você utilize a técnica que eu chamo de "pegar a fruta mais baixa da árvore".

Continuando neste exemplo, se você está gerando R$ 5.000,00 por mês, gerar por exemplo R$ 7.000,00 no próximo mês provavelmente não parecerá impossível. Se você estipular esta meta, sua mente não lhe dirá, "impossível".

E quando você atingir R$ 7.000,00 no mês seguinte poderá rearranjar sua meta para R$ 10.000,00 mensais. Passar de 7 para 10 mil não parece algo "impossível".

E no mês que você estiver chegando aos R$ 10.000,00, que tal rearranjar sua meta para R$ 12.500,00? Bom, se você gerava R$ 5.000,00 por mês e dobrou seus lucros, gerar mais R$ 2.500,00 adicionais por mês parecerá um desafio bem viável. Faça assim até atingir sua meta de R$ 30.000,00 mensais.

Você pode chamar estas metas intermediárias de "*mini-metas*". De modo algum você está desistindo de sua grande meta e sim apenas está ajustando-a ao dividi-la em "degraus".

Note que você não estará dando a sua mente a oportunidade de dizer a você que sua meta é "impossível". E é muito provável que no prazo de 12 meses você irá atingi-la.

Entretanto esta é apenas a superfície. Depois de alguns meses alcançando mini-meta após mini-meta, quando você olhar para trás verá que realizou progressos que antes pareciam impossíveis.

E uma vez que você vê a Lei da Atração realizar seus desejos, você fica cada vez mais hábil em usá-la. Isto dará a você uma grande confiança para estipular metas cada vez maiores e realizá-las cada vez mais rapidamente e usando menos "degraus".

Conectando-se aos seus Desejos

"Todo o poder vêm de dentro e, está, portanto, sob
nosso controle."
Robert Collier

Quanto mais você estiver conectado aos seus desejos, mais rapidamente eles se manifestarão. E a forma mais simples de se conectar com mais força aos seus desejos é criando *expectativas positivas* em relação a eles.

Quando você tem expectativas positivas quanto a realização dos seus desejos, toda a negatividade automaticamente desaparece ao mesmo tempo em que você cria uma *forte conexão* com seu desejo. Você fica animado e, não raramente, ao pensar nas consequências positivas da realização dos seus desejos, você pode se pegar "dançando" na cozinha ou "cantando" no chuveiro. Isto é ótimo!

Expectativas positivas causam impactos até mesmo nas menores coisas da sua vida. Por exemplo, se você está sempre preocupado com o stress do seu trabalho, se você criar a expectativa de um dia melhor, esta expectativa ajudará a quebrar o ciclo negativo que tem causado o seu stress.

Isto parece ser uma coisa muito simples e realmente o é. É improvável que você tenha expectativas negativas sobre um dia no trabalho e se surpreenda com um dia totalmente maravilhoso onde tudo corre bem durante o expediente. Da mesma forma é improvável que você tenha um dia totalmente ruim ao criar e nutrir expectativas positivas.

Acredite, seus colegas o verão de uma forma diferente, seu chefe irá reagir de modo diferente, todas as coisas ao seu redor tenderão a fluir de forma positiva.

Talvez você tenha um problema ou outro durante o seu dia, entretanto, se resistir à "tentação" de se abater e, ao contrário disto, continuar criando expectativas positivas, irá superar estes pequenos problemas muito mais fácil e rapidamente.

Caso você se deixa abater e comece a criar expectativas negativas sobre as coisas que virá no seu dia, adivinhe o que irá atrair?

Diga a si mesmo quando estiver vivendo uma dia legal e surgir algum pequeno contratempo:

"Este pequeno contratempo, que irei superar de uma forma ou de outra, é muito pequeno diante do ótimo dia que estou tendo e das coisas maravilhosas que ainda virão hoje!"

Dito isto, siga seu dia com expectativas positivas e continue atraindo tudo o que é bom. Vai valer muito a pena!

Parte 5: Aumentando seu Poder Magnético

O Poder da Gratidão

"Uma atitude de gratidão faz com que a prosperidade chegue a você por todos os lados."
Catherine Ponder

Este é um poder subestimado pela maioria dos praticantes da Lei da Atração.

Como já falamos antes, quando você pensa, se emociona e cria uma vibração sob determinada coisa, o Universo responde lhe dando mais do mesmo e ainda coisas melhores. Você simplesmente irá atrair por mais circunstâncias e ocorrências que causaram esta vibração.

O mais belo disto, é que seguindo o mesmo princípio, quando você expressa gratidão por algo de bom que você já possui em sua vida e cria uma vibração sobre isto, você automaticamente atrai mais do mesmo também.

A gratidão é uma das formas mais efetivas de atrair acontecimentos e coisas positivas com mais frequência.

Muitos irão dizer que não tem pelo que agradecer mas isto é um engano total.

Talvez você não tenha tanto dinheiro quanto desejaria ter, entretanto dinheiro é apenas uma parte da coisas que você deve desejar. Hoje mesmo você tem muitas outras coisas que outras pessoas apenas sonham em ter.

Pense por um minuto nas pessoas que tem muito menos que você tem. Nas milhares de pessoas que não tem sequer um abrigo para passar a noite, para se proteger do sol ou da chuva. Pense nas milhões de pessoas que não sabem se irão ter a próxima refeição. Nos milhões de desempregados que não terão o que dar aos seus filhos no próximo Natal. E se você é desempregado, pense nos milhões de desempregados que, ao contrário de você, não sabem ler, ou estão doentes, ou vivem em países que estão em guerra ou que por qualquer outra razão não terão a menor oportunidade de se tornarem empregados ou empreendedores.

Agradeça pelas coisas que você usa no seu dia a dia, pela sua roupa, por aquele pãozinho gostoso do café da manhã, pelo seu almoço, pelos seus amigos, pelos seus relacionamentos e por ter saúde e inteligência.

Pense nas coisas que você já tem ou conquistou e você verá que tem muito pelo que agradecer. Na verdade muita coisa mesmo!

Você está em posição de vantagem em relação à milhões de pessoas. E você tem dezenas de bênçãos em sua vida que você nem se dá conta de tê-las. Comece a pensar nelas e agradeça por elas. Agradeça à Deus, ou ao Universo, ou ao Divino ou conforme sua crença. O importante é sentir-se bem e atrair mais do mesmo e coisas ainda coisas melhores.

O Poder da Visualização

"Uma pessoa será tão feliz quanto sua mente decidir"
Abraham Lincoln

Visualização é uma das partes mais importantes da manifestação dos seus desejos e metas através da Lei da Atração.

Geralmente as pessoas associam visualização à mera imaginação. Claro que nada se manifesta no mundo sem a imaginação. Entretanto, quando falamos na Lei da Atração, não estamos falando apenas em imaginar alguma coisa por alguns segundos e esperar que ela seja atraída para nós.

Visualização no contexto da Lei da Atração é muito mais que imaginar e fantasiar por alguns segundos. Visualizar é sentir e criar vibrações sobre aquilo que você deseja. Por esta razão irei detalhar nas linhas seguintes um método muito eficaz de visualização.

Primeiro busque um lugar tranquilo onde você possa praticar a visualização. Por exemplo, um lugar ideal poderia ser um lugar quieto na sua casa, com pouca luz, que você possa fechar a porta e ter certeza de que não será interrompido.

Coloque-se em uma posição bem confortável em que possa ficar relaxado, sentado ou deitado.

Feche os olhos e foque na coisa que você mais deseja no momento. Coloque uma imagem mental desta coisa em sua mente.

Por exemplo, se você deseja alguma coisa material como uma casa, imagine-se vivendo nela. Imagine as janelas, as cortinas, as portas, os móveis. Se você deseja um carro novo, pense no modelo exato, na cor. Sinta-se dentro dele, dirigindo para o trabalho ou para visitar alguém. Sinta a maciez do estofado, a leveza do câmbio.

Se você deseja um novo relacionamento, pense exatamente no tipo de pessoa que você deseja atrair. Imagine-se caminhando de mãos dadas passeando no parque. Ou talvez você prefira um jantar romântico. Imagine-se vivendo um relacionamento da forma como realmente deseja.

É importante que você mergulhe na realidade que deseja criar como se já a estivesse vivendo, por isto os detalhes são importantes.

Talvez você não se sinta confortável fazendo isto na primeira vez que fizer, como eu também não me senti, mas lembre-se, tudo que o ser humano realiza em sua vida, aconteceu primeiro em sua mente. Desde coisas ditas "pequenas" como a panificação do pão que você comeu esta manhã até grandes realizações como a chegada do homem na lua, tudo passou pela mente pessoal ou coletiva antes de acontecer.

Pois bem, imagine-se vivendo aquilo que mais deseja e verdadeiramente usufruindo disto. Sinta o prazer do seu desejo realizado por todo o seu corpo. Permita-se envolver-se e imagine-se feliz e completamente realizado.

Agora, agradeça. Sinta-se grato pelo seu desejo ter sido realizado. Tudo que acontece na mente, já aconteceu de alguma forma muito além daquilo que limitadamente vemos como "tempo" então não use a "lógica racional", apenas agradeça. Agradeça da maneira que você se sentir mais à vontade. Agradeça ao Universo, ou a Deus ou ao Divino.

Agora finalmente abra os olhos e continue seu dia lembrando-se da satisfação que sentiu durante sua visualização.

Muitas pessoas que experimentam a visualização relatam sentir uma grande felicidade que perdura por muitas horas. Isto é muito bom pois estas vibrações irão atrair o que elas desejam mais rapidamente.

Como eu disse anteriormente, visualizar não é apenas imaginar mas sentir a experiência de ter realizado seu desejo e criar vibrações relacionadas a ele.

E quando o Universo recebe estas vibrações, adivinhe o que acontece?

Isto mesmo, você já está bom nisto! Você recebe mais do mesmo.

A Lei da Atração não distingue o real do imaginário. Ela irá atrair para você cada vez mais e mais rápido as vibrações de realização que criou durante sua visualização, ou seja, ela irá atrair a realização do seu desejo.

Simples e ao mesmo tempo mágico. Este é o poder da visualização.

Você poderá esta visualização várias vezes ao dia pois ela é rápida e prática. E poderá potencializar seu poder fazendo a *Programação Mental Magnética* através do seu Bônus Especial – detalhes na seção *"Bônus"* deste livro.

O Poder do Perdão

*"O fraco jamais perdoa: o perdão é uma das
características do forte."*
Mahatma Gandhi

Se há uma coisa no mundo que realmente impede o desenvolvimento humano esta coisa é a *ausência do perdão.*

A ideia de que uma pessoa que fez algo de errado precisa ser castigada e punida está incutida em nossa sociedade. Não estou falando de crimes "sérios" e sim de ingratidão, ações antiéticas, agressões verbais ou morais, enfim, qualquer ação que cause mágoa ou ressentimento.

De qualquer modo, fomos programados a não perdoar e a ficarmos "felizes" quando a outra parte sofre um infortúnio – quem nunca se sentiu "vingado" que atire a primeira pedra.

Entretanto, vamos ser sinceros. A grande verdade é que nunca ganhamos nada real com a punição dos outros. Na maioria das vezes o que ganhamos é uma satisfação temporária, mais parecida com o desejo de vingança.

Esta satisfação temporária não nos ajuda a realizar nossos desejos ou alcançar nossas metas. Pelo contrário, isto só nos atrapalha. E por esta razão é importante aprender a perdoar.

Em primeiro lugar, lembre-se do princípio de que semelhante atrai semelhante. E você não quer atrair mais situações semelhantes pelas quais você se sentiu humilhado, injustiçado ou magoado.

Note que ter ressentimento significa sentir-se novamente: *"re-sentir"*. Ao se ressentir você causa exatamente a mesma vibração de quando se magoou.

E em segundo lugar, perdoar exige menos energia do que *não perdoar*. Pense por um momento. Se você sofrer uma mágoa e esperar que a pessoa venha se desculpar, corre o risco de guardar uma mágoa para o resto da vida se ela não se desculpar. Esta mágoa pode te causar doenças e males psicológicos terríveis. E talvez a pessoa nem tenha percebido que tenha magoado você. Provavelmente ela já esqueceu do episódio e tocou a vida para frente, enquanto você está parado e se prejudicando.

E se você desejar que algo de mal aconteça a esta pessoa, pior. Existe outra Lei Universal chamada de *Lei do Retorno*, que não vamos discutir neste livro mas que todas as religiões e estudiosos da espiritualidade são unânimes em afirmar que é implacável. Esta lei diz que *tudo que você faz ou deseja aos outros volta multiplicado para você*.

Mas voltando ao perdão, por quê não perdoar? Por quê não esquecer e economizar uma preciosa energia? Não há razão para isto a não ser as razões que criamos para nós mesmos.

Só nos sentimos ofendidos quando nos permitimos nos sentir ofendidos. Só nos sentimos magoados quando nos permitimos nos sentir magoados.

Perdoar resolve todas as negatividades e complicações. Perdoar faz de você um ser livre de verdade.

Se você guarda alguma mágoa ou rancor, talvez seja difícil perdoar assim tão rapidamente, só pelo fato de ler este livro. Mas o fato de você considerar perdoar e se beneficiar disto já irá mostrar as coisas em uma perspectiva diferente. Só o fato de você colocar a ideia do perdão em sua mente já será um avanço. Maiores avanços virão com o tempo, até o dia em que você consiga perdoar inteiramente e de coração.

É tão importante quanto perdoar os outros, é importante você também se perdoar.

Carregar culpa sobre acontecimentos passados poderá comprometer sua habilidade de atrair as coisas que você deseja.

Se você não se perdoar por acontecimentos passados você nunca sentirá que merece as coisas boas que deseja. Isto não se aplica somente a objetivos relacionados à riqueza e prosperidade mas também a relacionamentos e qualquer outro desejo ou meta.

Talvez você tenha a oportunidade de reparar algum erro ou se desculpar com a pessoa afetada por ele. Se isto for possível, vá em frente. Reconhecer seus erros é um ato nobre.

Entretanto muitas vezes você não conseguirá reparar os erros que cometeu ou se desculpar. Este cenário irá exigir de você um esforço maior e talvez um tempo maior, mas comece a desculpar você mesmo desde já.

Você não pode mudar o passado mas pense nas coisas boas que você faz ou já fez para outras pessoas e sobretudo pense nas coisas que você ainda pode fazer.

Você não pode continuar pagando pelos erros do seu antigo eu. Hoje você é uma pessoa mais madura e responsável do que foi tempos atrás.

Coloque em sua mente que você é uma pessoa que está buscando praticar o bem, para si e para os outros, e por isto merece se sentir em paz consigo mesmo.

E também merece atrair as melhores coisas que a vida pode proporcionar.

O Poder do Amor

"Amor é luz. E a luz sempre espanta as trevas."
Lauro Trevisan

Talvez ao ter seu primeiro contato com o livro *Mente Magnética* você jamais imaginaria que falaríamos de amor em suas páginas.

Entretanto tenho certeza que você já ouviu falar da *força poderosa do amor*. E o fato é que esta força pode acelerar totalmente o processo de atrair o que você deseja. Isto porquê *não há vibração mais poderosa que o amor*.

Tenho que deixar claro que não estamos falando de paixão, que é um sentimento que muitas vezes ultrapassa a linha da sensatez e do equilíbrio.

Estamos falando do verdadeiro amor, o sentimento incondicional que não depende de troca ou compromisso, enfim, estamos falando do amor infinito, e sobretudo do amor à vida.

O amor faz você ver a beleza da natureza, a poesia das flores, a grandeza majestosa das montanhas. O amor faz você viver a vida em toda a sua plenitude. O amor te deixa feliz.

Veja bem, como humanos não somos perfeitos. Haverá momentos em nossas vidas em que teremos sentimentos "não tão nobres" durante o dia. Entretanto o amor deve continuar prevalecendo como uma busca. Esta busca nunca termina. Há momentos em que encontraremos este amor e há momentos em que ficamos um pouco afastados dele. O importante é sempre buscar sentir o amor.

E como buscar sentir este amor?

O primeiro passo para sentir o amor é aprender a amar a si mesmo. Muitas pessoas acham que amar é anular-se mas a verdade é justamente o oposto. Como alguém pode sentir amor, que é um sentimento positivo, se tem um sentimento negativo com relação a si mesmo?

Como disse uma vez Catherine Ponder, autora do best seller *As Leis Dinâmicas da Prosperidade*, "*Você não pode irradiar amor a não ser que você ame a si mesmo. O amor começa dentro de você.*"

Como tudo começa na mente, utilize a mentalização abaixo para plantar o amor no seu coração.

Busque um lugar calmo, feche os olhos e diga a si mesmo:

"Eu sou uma pessoa positiva, agradável, simpática e atraente.

Eu gosto das pessoas e as pessoas também gostam de mim e adoram a minha companhia.

Eu irradio paz, alegria, felicidade e bem estar. Por isto eu sou querido por todos e me sinto bem em qualquer ambiente.

Quando vejo uma pessoa bem-sucedida e feliz, irradio meu desejo de que ela se torne ainda mais bem-sucedida e feliz.

Estou sempre irradiando amor e por isto atraio pessoas, circunstâncias e acontecimentos positivos.

Estou atraindo cada vez mais sucesso, prosperidade e felicidade para minha vida. Assim é, e assim será."

Ao mesmo tempo em que faz a mentalização acima, visualize-se vivendo o que suas palavras descrevem. Visualize as pessoas conversando com você animadamente. Sendo gentis com você, sorrindo para você e irradiando alegria e paz.

Terminada a mentalização, abra os olhos e esteja atento para agir de acordo com o que mentalizou e visualizou.

Aproveite todas as oportunidades de ser exatamente o que você disse ser.

Existe um ponto em que a *Lei da Atração* age como em conjunto com outra Lei Universal, a *Lei do Retorno*. E quando você deseja de coração algo bom para uma outra pessoa, abençoando-a, esta benção retorna a você multiplicada.

Quando você está em estado de amor, é natural desejar o bem das outras pessoas e abençoá-las. E isto só irá facilitar e beneficiar sua vida.

A partir do momento em que o sentimento de amor invade seu coração ele começa a irradiar a atrair de todas as maneiras as coisas boas que você deseja.

Muitas portas se abrirão e seu poder de atrair o que deseja será multiplicado a partir do momento em que você começar a sentir o amor infinito em seu coração.

Parte 6: Os 3 Passos para Atrair Tudo que Você Deseja

Tudo que você aprendeu até agora foi extremamente importante para você se preparar para o atual processo prático de ativar o poder da Lei da Atração.

E agora você irá aprender os 3 passos práticos que irão ativar conscientemente esta poderosa lei e desenvolver sua Mente Magnética. Vamos a eles...

Primeiro Passo: Pedir

Espero que seja tão excitante para você quanto foi para mim saber que podemos escolher exatamente o que desejamos na vida e receber isto.

Assim como a maioria das pessoas, antes de conhecer o poder da mente e a Lei da Atração eu acreditava que tudo acontecia por acaso. E fiquei muito feliz em saber como as coisas realmente acontecem.

O primeiro passo, o de pedir, é aparentemente o mais simples, entretanto é o passo que impede muita gente de começar, ou de começar de modo produtivo.

Como já falamos neste livro, para a maioria das pessoas é muito fácil saber das coisas que mais nos incomodam e das coisas que não queremos mais em nossas vidas.

Entretanto a maioria das pessoas não consegue identificar o que realmente deseja pedir ao Universo. Lembrando que focar no que não se deseja produz vibrações acerca disto e atrai mais do mesmo. *Semelhante atrai semelhante.* Claro, você já sabe disto mas para o aprendizado enraizar na mente é sempre bom repetir.

Se você está com dificuldades para identificar o que realmente deseja, utilize o *"método do antônimo"* que discutimos no capítulo *"Um Erro Que Muita Gente Comete sem se Dar Conta"*.

É fundamental que você invista o tempo que precisar para identificar os seus maiores desejos. Se você não souber o que deseja, o Universo não poderá te atender.

E após identificar os seus maiores desejos, é hora de você eleger o maior de todos eles. A *Lei da Atração* funciona com força total quando você tem foco. Esta parte não é tão difícil pois você sempre terá uma prioridade.

Lembre-se: não se preocupe em "como será realizado seu desejo" ou seja, os detalhes e ações que você precisará tomar para realizá-lo. Isto é papel do Universo. Ele moverá as pessoas, eventos e circunstâncias para que seu desejo se realize. E também guiará as suas ações no momento certo. Por enquanto apenas identifique seu maior desejo.

Tudo é possível para a *Lei da Atração*, entretanto, dependendo do seu desejo, talvez você precise usar aquilo que nós chamamos de "mini-metas", lembra-se? As *mini-metas* são muito úteis para o caso de você ter uma meta tão grande e ambiciosa que sua mente dúvida completamente da realização.

Na prática as *mini-metas* são degraus para você atingir metas maiores.

Caso não se lembre de como funcionam as *mini-metas*, por favor releia o capítulo *"Realizações sem Limites"*.

Uma vez identificado o seu desejo ou meta principal, vamos ao passo seguinte.

Segundo Passo: Acreditar (gerar vibrações)

Pensamentos geram emoções. Emoções geram vibrações. E são estas vibrações que irão se comunicar com o Universo e atrair o que você deseja.

Como dissemos neste livro, nem todos os pensamentos chegam a criar vibrações significativas pois muitos pensamentos que temos são superficiais e passageiros.

Você precisa pensar conscientemente para chegar ao ponto de gerar emoções e vibrações positivas relacionadas aos seus desejos. E sentir como se o seu pedido já estivesse sendo realizado.

Você realmente acredita que seu desejo já está sendo realizado quando você cria vibrações. Acreditar é *criar vibrações.*

A Lei da Atração não distingue imaginação de realidade. Ela funciona igual a sua mente quando você assiste um filme. Mesmo sabendo que não se trata da realidade, você se emociona com a estória encenada no filme. Você ri, você chora, enfim, você vibra. Isto tudo porquê sua mente de alguma forma acredita no que está sendo passado na tela.

Quando falamos de acreditar e vibrar, estamos falando exatamente deste tipo vibração. Digamos que para a Lei da Atração funcionar a seu favor você precisa "passar um filme" do seu desejo sendo realizado na sua "tela mental", até o ponto de criar vibrações.

E o método mais poderoso para realizar este processo em sua mente é entrando em estado Alpha. No estado Alpha você entra em relaxamento profundo e então pode influenciar diretamente o seu subconsciente para criar vibrações positivas relacionadas ao que deseja.

Seria inviável conduzir você a entrar em estado Alpha neste livro, entretanto eu criei um método em áudio que possibilitará isto. E estou dando este método de presente a você, como bônus por estar lendo este livro.

Este método se chama *Programação Mental Magnética*.

Maiores detalhes na seção *"Bônus"* deste livro.

Terceiro Passo: Receber

Como dissemos em outras ocasiões, o Universo atrairá pessoas, circunstâncias e eventos para que seu desejo se realize.

E o seu maior papel é estar o tempo todo consciente de que a realização do seu desejo está sendo atraída para você.

Isto significa que você deve estar atento às oportunidades. Lembre-se sempre que muitos problemas são apenas "oportunidades escondidas".

É como aquela metáfora em forma de pergunta, "Como você vê um copo com água até a metade? O copo está *meio cheio* ou *meio vazio*? Assim também acontece com as oportunidades. Você pode ver um acontecimento como um mero problema ou como uma oportunidade para crescer, criar soluções e até mesmo lucrar de alguma forma através da solução.

Um exemplo básico, vamos supor que você acabou de se formar em odontologia na região do Vale do Paraíba, estado de São Paulo. Nos últimos anos surgiram por lá um grande número de universidades de odontologia e medicina. Além da concorrência enorme, o preço de aluguel de salas comerciais para profissionais da saúde tiveram uma alta exorbitante. Aparentemente este é um problema, entretanto a solução pode estar justamente em se mudar para uma região com menos universidades na área da saúde, assim você pagaria menos pelo aluguel da sala e teria mais pacientes devido a menor concorrência. Resumindo, você lucraria muito mais.

Dizem que as maiores fortunas do mundo foram criadas em momentos de crise e isto é verdade. A crise gera muitas oportunidades. Por exemplo, em uma crise muitas pessoas perdem dinheiro e precisam repor estas perdas. Um modo comum de repor estas perdas é vender algum bem como, carros, imóveis, joias, etc. Tudo à um preço muito mais barato para vender rápido e repor as perdas. São nestas horas que os mais atentos fazem excelentes negócios comprando estes bens por preços bem abaixo do valor de mercado, seja para usá-los ou para vende-los mais caro depois.

No mundo dos negócios há centenas de exemplos de pessoas que transformaram seus maiores problemas em oportunidades. Eu mesmo sou uma delas. Quando eu estava completamente falido e desempregado em 1998 eu peguei primeiro o emprego que apareceu na minha frente. E como eu não tinha nenhuma perspectiva de progredir na empresa, acabei criando meu primeiro negócio online. O problema foi uma típica oportunidade disfarçada.

Já no meu próprio negócio de produtos digitais eu tinha um grande problema. Na época não havia no Brasil um sistema que fizesse a entrega do produto, ou seja, que enviasse o link de download para os clientes após a compra. Se o cliente comprasse às 2hs da madrugada, por exemplo, teria que esperar até o amanhecer para receber o produto. E pior, se o cliente comprasse na sexta à noite, teria que esperar até segunda para receber. O ideal seria que o cliente recebesse o link de download imediatamente após a compra ser aprovada.

Após muito pesquisar sem sucesso por uma solução estrangeira que pudesse ser integrada ao meu processador de pagamentos, acabei tendo a ideia de produzir um programa online que fizesse a entrega dos meus produtos digitais. Contratei um programador e em algumas semanas eu já estava usando o programa no meu negócio.

Mas a verdadeira oportunidade não estava só na exclusividade que meus clientes tinham em receber o produto imediatamente após a compra, 24hs por dia, 7 dias por semana. Nem todos do mundo digital eram meus "concorrentes" então aproveitei para vender este programa à qualquer empreendedor ou empresa de produtos digitais. Dei a este programa o nome de *Entrega Mágica* e investi em publicidade.

Resultado: vendi milhares de cópias do Entrega Mágica para empresas de softwares e todo o tipo de comercializadores de conteúdo digital. O que era um grande problema, a falta de uma ferramenta para entregar meus produtos digitais automaticamente, acabou se transformando em uma grande oportunidade.

Estou dando estes exemplos para que você fique atento à tudo que acontece em sua vida. Se acontecer algo aparentemente ruim, pergunte a si mesmo: "Porquê está acontecendo isto comigo?" e responda você mesmo, "Isto está acontecendo porquê o Universo reservou algo muito especial para mim. Meu trabalho agora é identificar este algo especial".

Existe também o caso em que as oportunidades não estão disfarças de problemas mas de circunstâncias comuns. Por exemplo, você já foi à algum lugar onde você não queria ir por algum motivo mas quando estava lá gostou muito? Muitas oportunidades também podem ocorrer justamente quando você deseja evitar lugares, situações e circunstâncias.

Se o Universo praticamente forçar você a ir à algum lugar ou a conhecer uma determinada pessoa, esteja atento. Evite julgamentos precipitados. Neste lugar pode estar uma grande oportunidade ou esta pessoa pode ser o caminho para uma grande oportunidade, por exemplo, esta pessoa poderá atrair para você a própria oportunidade ou então poderá apresentar a você uma terceira pessoa que proporcionará esta oportunidade. Nunca sabemos como o

Universo traça os caminhos para a realização de nossos desejos, então temos que estar atentos ao que nosso coração diz.

Para finalizar, algumas vezes a oportunidade não virá na forma de problema ou tão disfarçada assim. Se a realização do seu desejo vier assim, escancarada, aceite rapidamente e agradeça. E aproveite!

Seja como for, receber é estar atento à todas as pessoas, circunstâncias e acontecimentos. Algumas vezes o caminho para realização do seu desejo é claro, outras vezes acontece por vias misteriosas então atenção é tudo.

Esta atenção será desenvolvida aos poucos em você. Praticando a Lei da Atração diariamente você chegará à um nível em que cada vez mais você estará *conectado ao Universo* e ele te guiará para que consiga detectar as oportunidades de realização do seu desejo.

Epílogo

Primeiro, muito obrigado por ler este livro!

Chegamos ao fim dele mas espero que seja apenas o começo da sua *jornada magnética*.

Recomendo que você pratique tudo que aprendeu e releia de vez em quando. Ou pelo menos releia os capítulos que mais apreciou ou os que contém conhecimentos que você mais necessitar no momento.

E a recomendação principal que faço é que você pratique a *Programação Mental Magnética* diariamente. Veja na seção *Bônus* como acessá-la.

Esta programação possibilitará você a realizar em poucos meses, poucas semanas ou até em questão de dias o que você levaria anos para realizar.

Aproveito este espaço para parabenizar você por estar investindo em si mesmo e buscando a realização dos seus desejos!

Não são todas as pessoas que ousam seguir seus sonhos por isto eu te digo:

Seja muito bem-vindo ao Clube!

E só mais uma coisa muito importante:

Você leu este livro até o fim então acredito que você gostou muito de lê-lo.

E sei que ao colocar em prática o que aprendeu neste livro você terá uma mudança positiva em sua vida.

Caso tenha comprado o livro na internet, ficarei muito honrado e grato se você deixar uma avaliação positiva do livro na loja onde comprou. Ao fazer isto você estará possibilitando que outras pessoas também conheçam este livro e também tenham a oportunidade de ter uma mudança positiva em suas vidas.

Muito obrigado por tudo!

Rogerio Job

P.S. Vamos manter contato nas Redes Sociais?

Por favor visite: **www.RogerioJob.com.br/redessociais**

Aguardo você por lá! Até breve!

Bônus Especial: Programação Mental Magnética

Este método em áudio conduzirá você ao estado Alpha. Neste estado mental você irá vencer crenças limitantes, irá inserir afirmações positivas na mente e criará vibrações positivas que atrairão o que você mais deseja na vida.

Para ter acesso a este *Bônus Especial*, por favor visite esta página:

www.MenteMagnetica.com.br/bonuslivro

Qualquer problema ou dúvida sobre o Bônus, por favor, contacte nossa equipe de suporte em <u>suporte@empreendedorlivre.com.br</u> e iremos lhe ajudar da melhor forma possível.

Bibliografia

O Poder do Subconsciente – Joseph Murphy

Pense e Enriqueça – Napoleon Hill

A Lei do Triunfo – Napoleon Hill

A Ciência de Ficar Rico – Wallace D. Wattles

The Master Key System - Charles F. Haanel

Você Nasceu Rico – Bob Proctor

As Leis Dinâmicas da Prosperidade - Catherine Ponder

Os Princípios da Prosperidade - Henry Ford

A Lei da Atração – Michael Losier

Attract Money Now – Joe Vitale

O Segredo – Rhonda Byrne

Segredos da Mente Milionária – T. Harv Eker

O Criador da Realidade – Bruno J. Gimenes & Patrícia Cândido

O Poder Infinito da sua Mente – Lauro Trevisan

As 7 Leis Espirituais do Sucesso – Deepak Chopra

O Alquimista – Paulo Coelho

Building Your Field of Dreams - Mary Manin Morrissey

Viagem a Ixtlan – Carlos Castaneda

Uma Estranha Realidade – Carlos Castaneda

Porta para o Infinito – Carlos Castaneda